不抓狂育出好孩子

(俄) 吉本雷特 (Ю.Б.Гиппенрейтер) 著 容之 译

求真出版社

图书在版编目（CIP）数据

不抓狂，育出好孩子/（俄罗斯）吉本雷特 著；容之 译．—北京：求真出版社，2011.7
ISBN 978-7-80258-123-4

Ⅰ.①不… Ⅱ.①吉…②容… Ⅲ.①家庭教育—研究 Ⅳ.①G78

中国版本图书馆 CIP 数据核字（2011）第 107956 号

Общаться с ребенком. Как？
Авторское право © Гиппенрейтер Ю. Б., 2006
本书简体中文版由 Ю. Б. 吉本雷特授予求真出版社独家出版发行。版权所有，不得翻印。
著作权合同登记号：图字 01-2010-8294 号

不抓狂，育出好孩子

著　　者：Ю．Б．吉本雷特
插　　图：Г．А．卡拉谢娃
译　　者：容之
版权联络：包国红
责任编辑：包国红
出版发行：求真出版社
社　　址：北京市丰台区卢沟桥城内街39号
邮政编码：100165
印　　刷：北京中印联印务有限公司
经　　销：新华书店
开　　本：700×1000　1/16
字　　数：180千字
印　　张：15
版　　次：2011年7月第1版　2011年7月第1次印刷
书　　号：ISBN 978-7-80258-123-4/G·11
定　　价：28.00元
编辑热线：(010) 83891765
销售服务热线：(010) 83892478　83895215　83895438

版权所有　侵权必究　　本书观点不代表本社立场　　印装错误可随时退换

第五版前言

本次出版的内容与前面几版相同,没有改变。

让我感到高兴的是,家长一直在努力改善与子女的关系。经常有读者要求我"多写一些"或"再写点什么"。这让我深受鼓舞,促使我考虑将本书涉及的主要问题进行深化和扩展。我希望在不久的将来可以满足读者的要求。

我想补充一点,您在本书中找到的所有关于"如何与孩子沟通"的答案,都不只适用于与孩子之间的关系,而且也适用于成年人之间的关系。重要的是,每位家庭成员都应该学会真正地倾听,真实地表达自己的感受,平和地解决冲突,尊重他人的个性和人格。如果家庭内没有充满关爱的整体环境,就不可能与孩子建立起正确的关系。

一位好朋友经常对我说:"你在书里写上,丈夫也和孩子一样。"我认识的女士们则补充说:"妻子也一样!"在某种意义上她们是对的,因而人性化的交往原则适用于任何年龄的人。如果您还没有结婚或您还没有孩子,更不用说如果已经有了孩子,那么,现在正是应该开始互相关怀和建立和谐关系的时候,这可以为孩子,同时为您自己个性的发展创造良好的氛围。

非常希望本书能在这方面对您有所帮助。

Ю. Б. 吉本雷特
2006 年 8 月

第二版前言

本书的第一版很快就售罄了,这说明我们的读者非常需要相关知识及实用技巧,以帮助他们更好地与孩子沟通。

尤其值得赞赏的是,尽管面临着经济崩溃的现状以及现代生活的种种压力,人们仍然准备为自己的孩子和家庭成员的心理安适付出认真的努力。从事"助人职业"的人——实践心理学家、心理治疗师、社会工作者和教师——的数量迅速增长,他们成为这个进程的不可替代的参与者。

作者获得了来自不同的读者群——家长和老师、对家庭和孩子提供帮助的上述专业人士、训练这些专业人士的老师,甚至(这是特别的惊喜)年少的孩子们——的支持和肯定,对于作者来说,这些回应是很欣慰、很宝贵的。

本书获得了读者的肯定和接受,这也促使作者思考,还可以把哪些有益的内容收入书中?

在这一版中体现了这些思考的若干结果。首先,这一版添加了关于我们情感生活的"层次",关于自我评价及其对孩子及成人生活起决定性影响的全新材料,这构成了新的一课:第10课。该课还将前面各课的实践性结论进行了系统梳理。

此外,书中添加了几个新的box(加框文字),用来进行分析以及充实有关章节的内容（详见第4、第9、第10课）。

最后应该提出的是这一版新的版式设计。

我要对画家 Г. А. 卡拉谢娃表示衷心的感谢，因为她对作者的每个意图都体贴入微，并通过插图和版式设计巧妙地、创造性地体现出来。

Т. В. 索罗金娜对本书的两个版本的文字编辑付出了巨大的劳动，并在本书写作的过程中以她一贯的热情给予我极大的支持，我要对她表示一如既往的、深深的谢意。

Ю. Б. 吉本雷特教授
莫斯科，1997 年

能否有所纠正？如何纠正？
（第一版前言）

——如何建立与孩子之间的正常关系？
——怎么能让他听话？
——如果关系完全陷入僵局的话，还有办法补救吗？

在教育实践中总是会遇到类似的问题。心理学是否可以在家长、老师作出决定的时候对他们有所帮助呢？

当然可以。近几十年心理学家作出了一系列杰出的发现。其中之一就是与孩子沟通的方式对其人格的发展具有重要意义。

孩子需要沟通，就像需要食物一样，现在对这一点已经成为不争的共识。一个获得了充足的食物和良好的医疗护理，但没有得到大人经常触摸的婴儿不仅心理发育不良，而且身体发育也不好：他会不长个儿、消瘦、对生活失去兴趣。

第一次世界大战后，心理学家在美国和欧洲对孤儿院中为数众多的婴儿死亡现象进行了分析——这种现象无法单纯从医学角度进行解释。他们得出结论，婴儿死亡率高的原因是孩子在心理接触方面的需求，也就是来自家人的关爱、呵护没有得到满足。

这一结论对全世界的各类专家——医生、教师和心理学家产生了极大的影响，使得科学家们更加关注与孩子的沟通问题。

还是以食物做比喻，可以说，沟通与食物一样，既有健康的，也有有害的。坏的食物会损害身体，而错误的沟通方式则会损害孩子的心理，使他的心理健康、情感状态遭受创伤。当然，其结果会影响到他的命运。

"有问题的"、"难管教的"、"不听话的"、"没出息的"孩子，以及"有心理问题的"、"被摧残的"、"不幸的"孩子永远是不良家庭关系的产物。

全世界向孩子及其父母提供心理帮助的事件表明，如果家庭中良好的沟通方式得以恢复，那么即使是很困难的教育问题也是可以解决的。

正确沟通方式的主要特点是从事理论研究和实践活动的人本主义心理学专家经过大量的工作探索出来的。人本主义心理学之父——美国著名心理学家卡尔·罗杰斯称之为"以当事人为中心"，也就是把你的沟通对象的人格作为关注的中心。

本书的基本思想是对人及人际关系的人本主义的态度。它反对在我们的家庭和学校中长期使用的专制的教育方式。教育中的人本主义首先是基于对孩子的需要和要求的理解，基于对其个性成长发展规律的了解。您在本书中所看到的沟通方式就是建立在这些知识的基础上的。

在进入主要内容之前，我想讲一个心理实践工作者所发现的非常重要的规律。

原来，大部分为了有问题的孩子来寻求心理帮助的家长，他们自己在童年就为与自己父母的冲突所苦恼。专家们得出一个结论，父母待人接物的方式会自然而然地"记录在"（或印在）孩子心里。这发生在很早的时候，通常在学龄前，一般是无意识的。

孩子长大成人后会自然地复制这种方式。沟通方式的社会遗产就这样代代相传：大部分家长是按照自己童年被教养的方式教育自己的孩子的。

"没人管我，没什么，我也一样长大了。"说这话的爸爸没有发觉，他自己恰恰长成了一个认为不需要、且不会教育儿子、不会与儿子建立亲切友好关系的人。

另一部分家长或多或少地意识到要采取正确的教育方式，但他们在实践中会遇到困难。有时，心理学家和教育工作者出于良好愿望所进行的理论讲解，反而给家长带来不良影响，使他们觉得自己做得"全不对"，他们想采取全新的方式，但随即"受挫"，对自己的能力失去信心，自怨自艾，有时还会把绝望情绪发泄在孩子身上。

上述情况说明：不但应该让父母改变观念，而且应该教给他们与孩子沟通的正确方式。

于是，实用心理学的专家开始进行这方面的探索。

当然，这种训练最好在沟通的实际过程中进行。在很多国家，为父母所开设的"沟通培训"已经运作了几十年。仅仅是美国，就有几十万的父母以及教师参加过这样的训练。结果出人意料：很多父母改变家庭成员之间沟通方式的意愿比心理学家所想象的要强烈得多。通过训练，成年人不仅结束了与孩子之间的"冷战"，而且与他们之间的相互理解逐渐加深。

那些在孩子进入"青春期"之前受到训练的父母则更加受益匪浅。他们完全不觉得这是一个令人烦恼的年龄阶段——无论是对于自己，还是对于孩子。

在我国，对父母的培训（它们目前还被称为"学习班"或"训练班"）也越来越普及，当然，其数量还远远不能满足长期积累下来的对实践心理学知识的巨大需求。

长期以来我们的读者一直缺少实用心理学方面的书籍，在这方面我们远远落后于西方国家：最近几十年西方已经出版了几十种为家长和老师提供指导的书籍。

几年前我定下目标，要掌握最通用的沟通训练体系——这是美国的托马斯·戈登创立的，他在《父母效能训练》（1970）和《教师效能训练》（1975）这两本书中对这种体系进行了阐述。我在对家长和教师进行培训的同时也为本书积累了素材。本书基本上保留了该体系的基本模式，但同时补充进了国内外心理学界其他一些作者的理论和实用案例（国内心理学家中主要是 Л.С. 维果茨基，А.Н. 列奥恩奇耶夫，П.Я. 卡尔别里内）。

对一些理论观点，我尽量采用符合我国文化，与父母和老师的知识水平及知识特点相适应的讲解方式。书中几乎所有的例子都取自现实生活。

我希望本书能够成为一本实践指南，既有益于训练班成员，又有益于希望或不得不通过自学掌握沟通艺术的人。因此，本书的第一部分采用课程的形式，并配有练习、问题和例子。

每一课都有一小部分很重要、同时又较难掌握的内容，所以一定要做每一课的练习，而不仅仅是阅读。很重要的一点是，要在每一课之后进行实际尝试并初步感受成功的喜悦，然后再继续向前推进。您会慢慢地发现您的孩子的情况在发生神奇的变化。

在书中您还会看到一些通过研究和实验获得的科研成果的通俗表述，以及一些为我们的实践题目提供例证的家长来信。为了不妨碍课程的主线，我们决定将这部分内容单列出来，形成独立的box。这部分内容可以脱离课文单独阅读。

在着手写本书的过程中，我产生了一个想法，想设一个专题，讲一讲"令人烦恼的"青春期，因为差不多半数关于孩子的问题和求助都是关于这个年龄段的。在这部分，您可以看到一个关于怎样帮助"问题少年"的真实故事，然后我们会做类似反向分析的尝试：从生活的真实过程回到我们前面的课程中所讲的知识和技巧，以此再次验证其有效性。

最后，我很想感谢所有参加训练班的家长、老师、学校和幼儿园的教育工作者，以及莫斯科大学心理系的学生和研修生。

你们坦诚地说出了自己的问题、感受，曾经做过的尝试和所犯的错误以及再次尝试。你们每个人的每点进步都是对其他人的支持和鼓舞，很多人在我们课程结束的时候对自己和自己孩子的了解都大大加深了。你们的探索和成功，你们付出的努力和心血都体现在这本书里，我希望，这会鼓舞许许多多的家长、老师、教育工作者走上这条道路。

Ю. Б. 吉本雷特教授
莫斯科，1995 年

目 录

第五版前言 / 1

第二版前言 / 2

能否有所纠正？如何纠正？（第一版前言） / 4

第一部分　与孩子的沟通课

第1课　无条件地接纳 / 3

　　什么是"无条件地接纳"？ / 4

　　孩子需要归属感 / 5

　　不接纳孩子的后果 / 7

　　问题出在哪里 / 9

　　家庭作业 / 10

第2课　帮助孩子，要谨慎！ / 13

　　不要强求孩子 / 14

　　巧妙地指出孩子的错误 / 16

　　不随意插手 / 18

　　家庭作业 / 18

第3课　我们一起来！ / 19

　　如果孩子觉得困难，一定要帮他 / 20

　　最近发展区规律 / 22

　　有效帮助孩子的方法 / 24

　　学骑两轮自行车 / 27

如何保护孩子的求知欲和好胜心？ /28

家庭作业 /29

家长提问，解答 /30

第4课 如果孩子不想做怎么办 /31

孩子能做而不做 /32

平等相待，善用外部手段 /35

是谁坐火车？ /37

逆水行舟 /41

顺水行舟 /43

该放手时就放手 /46

让孩子肩负起责任 /46

允许孩子犯错 /47

家庭作业 /48

家长提问，解答 /50

第5课 如何倾听孩子 /51

什么是"积极倾听"？ /52

积极倾听的补充原则 /55

积极倾听的三个成果 /58

另外两个可喜变化 /62

家庭作业 /64

家长提问，解答 /66

第6课 为什么无法倾听孩子 /69

家长下意识的反应 /70

12种反应类型 /70

学会倾听的技巧，一劳永逸 /85

家庭作业 /91

家长提问，解答 /95

目 录

第 7 课　如何处理家长的感受　/ 97
　　家长火冒三丈　/ 98
　　说出自己的感受　/ 99
　　使用第一人称表述　/ 100
　　改变条件　/ 107
　　改变预期　/ 109
　　委婉表达对孩子的担心　/ 112
　　家庭作业　/ 113
　　家长提问，解答　/ 116

第 8 课　如何解决冲突　/ 119
　　最重要的是正确解决冲突　/ 120
　　产生冲突的原因　/ 120
　　"单赢"不是好办法　/ 122
　　"双赢"皆大欢喜　/ 124
　　解决冲突的五个步骤　/ 125
　　家长提问，解答　/ 132

第 9 课　立规矩与守规矩　/ 139
　　为什么现在才讲到规矩？　/ 140
　　孩子需要规则　/ 140
　　关于规矩的原则　/ 142
　　中庸之道和四个色区　/ 143
　　惩　罚　/ 153
　　不听话的自然后果和人为后果　/ 155
　　惩罚最好从"正数"到"零"　/ 156
　　"管不了"的孩子　/ 158
　　顽固不听话的四个原因　/ 159
　　查清原因其实很容易　/ 162

　　　　四种不同策略 / 163
　　　　路漫漫其修远兮 / 166
第10课　情绪"罐子" / 167
　　　　恶劣情绪的产生原因 / 169
　　　　"痛苦"是因为要求没有得到满足 / 171
　　　　孩子期待大人的认可 / 172
　　　　父母决定孩子的自我评价 / 176
　　　　融会贯通 / 180
　　　　十大育儿法则 / 183

第二部分　关于一个"问题少年"的通信 / 185

作者的话 / 220
简短的后记 / 223

第一部分

与孩子的沟通课

第1课
无条件地接纳

什么是"无条件地接纳"?
☺
孩子需要归属感
☺
不接纳孩子的后果
☺
问题出在哪里
☺
家庭作业

什么是"无条件地接纳"?

在开始我们的系统课程之前,我想向您介绍一个原则,如果不遵守这个原则,一切意在处理好与孩子关系的尝试都是徒劳的。这个原则也是我们的出发点,它就是——无条件地接纳。

这是什么意思呢?

无条件地接纳一个孩子,意味着爱一个孩子不是因为他漂亮、聪明、有才能、成绩好、帮助父母等等,而只是爱他,只因为有这个孩子而爱他!

经常可以听到父母对儿子或女儿这样说:"如果你做个好孩子,我就爱你。"或者:"在你停止(懒惰,打架,说粗话……)之前,在你没有开始(好好学习,帮助做家务,听话……)之前,不要指望我对你好。"

让我们看看:这些话分明告诉孩子,他被接纳是有条件的,"只有如何"他才被爱(或会被爱)。因人而异、区别对待是我们文化的一个普遍特点。这种态度也渗透到了孩子的意识中。

一个五年级孩子写信给我们说:"如果孩子懒惰,没礼貌,不尊敬长辈,家长怎么还能爱他们。将来我有了孩子,只有他们如何如何,我才会爱他们。"

对孩子区别对待是一种普遍存在的现象,这源于一种根深蒂固的思想,即奖惩是主要的教育方法。称赞一个孩子,他就会上进;惩罚一个孩子,就可以让他改过。但不幸的是,奖惩的方法并非总能奏效。谁都知道这个规律:越是责骂一个孩子,他就会变得越坏。为什么会这样呢?因为教育孩子完全不是训练动物。父母并不是让孩子形成条件反射的驯兽师。

孩子需要归属感

心理学家证明，对爱、对归属感的需求，也就是被别人需要的需求，是人最基本的需求之一。这种需求的满足是一个孩子正常发展的必要条件。当您告诉孩子，他对于您很宝贵、很重要，您很需要他，他很好，这种需求就会得到满足。用温和的目光看着他，抚摸他，或者直接跟他说："我有了你真好"，"我看见你很高兴"，"我喜欢你"，"你在家的时候我非常高兴"，"和你在一起的时候我很高兴"等等，这些都可以把爱意传达给他。

著名的家庭医生建议每天抱孩子几次，他说，每个孩子每天要被抱四次才能活下来，而要感觉良好，则需要每天拥抱八次！这种拥抱不仅孩子需要，成人也是如此。

当然，孩子特别需要这种无条件接纳的信号，就像正在发育的身体需要食物一样。这种信号给予他感情上的营养，有助于他心理的发展。如果他得不到这样的信号，就会出现情绪问题、行为障碍，乃至神经或精神方面的疾病。

一个五岁女孩的母亲发现女儿有些神经质，就去看医生。在交谈中医生了解到，有一次女儿曾问："妈妈，在我出生前，你和爸爸最不高兴的事是什么？""你为什么这么问？"母亲很吃惊。"因为后来你们最不高兴的事就是我。"小女孩回答。

　　我们试想一下，这个小女孩在得出这个结论之前该听过多少次说她"不称心"，"不好"，"让大家讨厌"，"简直是造孽"等诸如此类的话！她遭受的这一切都体现在她的神经官能症上。

　　我们并不是总能注意自己对孩子的态度。有一次，《教师报》上登载了一封一个母亲充满悔恨的来信：她意识到给儿子造成心灵伤害，但为时已晚。孩子离家出走，留下一张纸条，说不要找他："你自己说过，没有我你会过得更好些。"孩子就是这样从字面上理解我们的话的！他们的感情很真挚，对成年人说的每句话都很当真。父母越是经常对孩子生气，呵斥他，批评他，他就会越快地得到这样的结论："他们不爱我。"父母所谓"我是关心你"或"为你好"之类的理由孩子是听不见的。确切地说，他们能够听到词句，但是不能接受其意义。他们有自己的一本感情账。说话的语气比词句更重要，如果语气是粗暴的、恼怒的或只是严厉的，那么结论都是一个："他们不爱我，不接纳我。"对孩

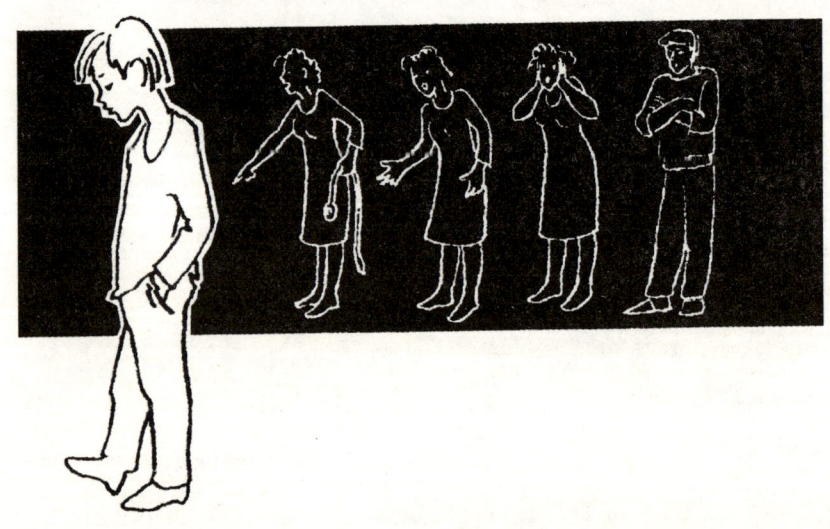

子来说，有的时候，孩子不是通过人们的言语，而是通过感觉而认定自己是不好、"不称心"、不幸的人。

不接纳孩子的后果

我们来看看，随着孩子的成长，"不接纳综合征"会发展到什么地步，出现什么样的结果。以下内容摘自一个14岁女孩的来信。

我不相信和妈妈可以友好相处。星期六和星期天是我最不喜欢的日子，因为这两天我会挨妈妈的骂。如果她和我在一起的时候不是吼叫，而是好好说话，我本来可以更容易明白她的话……也可以理解她，她想让我成为一个好人，结果我成了一个不幸的人。我厌倦了这样的生活。我请求您的帮助！请帮帮我！！！

在其他孩子的信中也表现出郁闷、孤独、绝望的情绪。他们反映父母"不和他们友好相处"，"从不跟他们说人话"，"唠叨"，"喊叫"，只会使用命令式"收起来"、"拿过来"、"刷盘子"！很多孩子已经不再指望家庭环境的改善，而开始向外界求援。他们给报纸、刊物的编辑部写信，（"帮帮我！""我该怎么

办?""我不能再这样生活了!")所有孩子都用假名,不写回信地址。"如果我父母知道了,会揍我的。"有时字里行间也会流露出孩子对父母的温情和关怀:"怎么安慰她","他们不容易","也可以理解她"……不错,写这些话的大多是不到13-14岁的孩子。而那些比较大的孩子已经变得冷漠了,他们根本不愿见到父母,不想跟他们住在同一屋檐下。

Box 1-1

父母经常会问:

"如果我接纳孩子,是不是意味着我应该永远不生他的气?"

我来答复这个问题。不,不是这个意思。无论如何不该隐藏甚至积蓄自己的负面感受。应该把它们表达出来,但要用特别的方式来表达。以后我们将就这个问题谈很多。现在我想请您注意以下原则:

> 可以表达对孩子个别行为的不满,而不是对孩子整体的不满。

> 可以指责孩子的行为,但不可以指责他的感情,不管这是你多么不喜欢的或"不允许"的感情。既然他们产生了这样的感情,就一定是有理由的。

> 对孩子行为的不满不应该是常态,否则会发展成对他的不接纳。

一个10年级的女生写道：

"我经常在报纸、杂志上读到，应该把更多的精力放在孩子身上。我和我的很多同龄人却恨不得一有机会就自己呆着。回家的路上我就想'但愿他们不在家'。星期天我就会想：'天哪，还不如多上一天学！'"

而父母的感觉又如何呢？他们过得怎么样？他们的痛苦委屈一点也不少："这不是生活，而是活受罪……""我回家就像上战场"，"我夜里睡不着觉，一直在哭……"

请相信，即使事情已经发展到双方都无法忍受的程度，也并非就没有希望了：父母可以使家庭重新获得安宁。但为此要从自己做起。为什么从自己做起呢？因为成年人有更多的知识、自控能力和更多的生活经验。

当然，父母也需要帮助。我希望，您可以在我们的学习过程中获得帮助。现在让我们来试着搞清楚，哪些原因致使父母不能无条件地接纳孩子，并让孩子看到这种态度。

问题出在哪里

大概主要的原因是我们上面已经谈到的"管教"心态。

这位母亲说的话很有代表性："如果他还没学好功课，我怎么能抱他呢？先要立规矩，然后才能对他好，否则我就害了他。"

于是妈妈就走上了批评、提醒、提意见、提要求的路。我们都知道，她的儿子很可能会用各种借口、拖延来对付，而如果做功课已经是老问题，则会公开对抗。于是妈妈似乎合理的"教育观"陷入了一个怪圈，母子互相不满，关系越来越紧张，经常发生冲突。

是哪里出错了呢？从最开始就错了：立规矩应该在建立起好的关系之后，而不是之前，而且只能在良好关系的基础上。为此应该做什么和怎么做，我们以后再谈。现在我想提出的是其他一些不接纳孩子甚至讨厌他的原因。有时父母没有意识到这些原因，有时尽管意识到了，但总是尽力压制自己内心的声音。

原因很多。例如，孩子是所谓计划外的。父母没准备好迎接他的到来，想过"逍遥自在"的日子，所以现在对孩子不大上心。或者他们想要个男孩，可是生了个女孩。孩子经常要为破裂的夫妻关系负责。例如，他像父亲，而母亲和父亲离婚了，他的某些动作或表情就会引起她极大的不快。

在父母强力施行"教育"的动机背后可能有一些隐秘的动机，这可能是，例如，想补偿自己生活中的失意，没有实现的理想或向配偶和所有亲戚表明自己的重要性，不可代替性，向他们表明自己不得不担负的"沉重负担"。

在这些情况中，有时父母本身就需要咨询医生，寻求帮助。但无论如何，应该走出第一步：想一想自己不接纳孩子可能是出于什么原因。而接下来就是我们要留的作业了。

家庭作业

作业 1

看一看您接纳自己孩子的程度。为此尽量数一下在一天中（最好是两三天中）您有几次对他表述正面的感情（高兴地打招呼、称赞、支持），又有多少次对他表达负面的情绪（责备、提意见、批评）。如果表达负面态度的次数超过正面或二者次数相等，那么您与孩子的沟通就有问题。

作业 2

把眼睛闭上一会儿，想象你在迎接自己最好的朋友。您如何表示因为看到他而感到高兴，他对您来说很宝贵、很亲近？现在想象，这就是您自己的孩子：现在他放学回家了，您表示看到他很高兴。想象出来了？现在如果您真的这样做，就比较容易了。如果您让洋溢着这种情绪的"欢迎仪式"持续几分钟，效果肯定会很好。不要怕这几分钟会把他"惯坏了"，根本不会。

作业 3

每天拥抱您的孩子不少于四次（不包括常规的早上问好和道晚安时的亲吻）。注：对成年的家庭成员这样做也不错。

作业 4

在完成上面两项作业的时候，注意孩子的反应，也注意自己的感受。

第 2 课
帮助孩子,要谨慎!

不要强求孩子

☺

巧妙地指出孩子的错误

☺

不随意插手

☺

家庭作业

在第 1 课中我向您介绍了可以说是与孩子相处的最基本的原则——毫无保留地、无条件地接纳他。我们谈到，要不断地告诉孩子我们需要他，他对我们很重要，他是我们的快乐，这很重要。

马上会出现反对意见：在没什么事、一切顺利的时候贯彻这个原则并不难。但如果孩子做"错事"，不听话，惹人生气呢？在这种情况下该怎么办？

不要强求孩子

我们要分几个部分来回答这个问题。我们在这一课要分析的情况是，您的孩子在做某事，但是在您看来，做得"不对"，不好，做错了。

请想象这样的场面：孩子饶有兴趣地玩着拼图游戏，他做得不完美，拼图撒得到处都是，乱七八糟，一下子拼不起来，颜色也"不对"。您想介入，教他，给他演示。于是您忍不住说："等一下，不该这样，应该这样。"但孩子不满地回答："不要，我自己做。"

还有一个例子。一个二年级的孩子给奶奶写信，您从他身后看了看，信写得很有感情，只是字迹歪歪扭扭，而且有很多错误，像很多孩子一样，把"还有"、"太阳"、"觉得"写错了。怎么能不指出、不纠正呢？可是您提完意见以后，孩子很扫兴，很沮丧，不想写下去了。

有一次一位母亲对半大儿子说："你怎么这么笨手笨脚的，你从开始就应该学会……"这一天是儿子的生日，他兴致很高，跟每个人跳舞——以他所会的方式。母亲说了这话之后，他坐到椅子上，在晚会剩下的时间里一直闷闷不乐地坐着，妈妈又因为儿子闹情绪而生气，生日就这样被破坏了。

第2课　帮助孩子，要谨慎！

一般说来，当父母说孩子做得"不对"时，不同的孩子会有不同的反应，有的会情绪低落、不知所措，有的会生气，有的则反抗："既然不好，我就不做了！"反应似乎是不同的，但它们都表示出，孩子不喜欢别人这样对他说话。为什么呢？

为了更好地理解这一点，让我们回忆一下自己做孩子时的表现吧。

我们自己写不好字母，不能把地扫干净，或不能灵巧地钉钉子的情况持续了多长时间？现在对我们来说这些事情很简单，于是当我们向孩子展示这些"简单"的事情或把这些事情强加给他们的时候，我们的做法对他们来说是不公平的，因为这些事情对孩子来说是困难的，孩子有理由生我们的气。

我们来看看正学走路的一岁的孩子。现在他第一次放开了您的手指，独立地蹒跚行走。他每走一步都要吃力地保持平衡，摇摇晃晃，紧张地摆动着两个小胳膊。但他感到很满足，很骄傲。很少有做父母的会走过来教训他说："难道可以这样走吗？你看，应该这样走!"或者:"你摇晃什么?跟你说过多少次了,不要摆胳膊。来来,再走一次,注意所有动作都要正确!"

是不是很可笑,很荒唐?但是从心理学上来说,对一个正在学习独立做某件事的人(不管是孩子还是成人)提出的任何批评意见都是荒唐的。

巧妙地指出孩子的错误

我知道有人会问:如果不指出错误,怎么教会他呢?

是的,意识到错误是有益的,而且是必须的,但指出错误要特别小心。首先,不需要指出每一个错误;其次,最好在事后心平气和的时候来讨论错误,而不是在孩子精神很投入的时候;最后,永远要在总体表扬的背景下提出意见。

我们应该向孩子来学习这种艺术。我们可以问问自己,有的时候孩子是否会意识到自己的错误?应该说,他经常是能意识到的,就像周岁的孩子能感觉到脚步不稳那样。那么他怎样对待这些错误呢?我们看到,他们比成年人更能容忍这些错误。为什么呢?因为他对取得的成绩已经感到很满足了,因为他已经在"走"了,尽管还走得不稳。而且他相信,明天会走得更好!我们做父母的想通过提意见更快地达到更好的结果,却往往适得其反。

> Box 2-1
>
> ## 学习的四个结果
>
> 您的孩子学某种东西，其结果总体来说可能包括多个方面。我们举出其中四种。
>
> **第一个结果**：他得到的知识或掌握的技能。这是最明显的结果。
>
> **第二个结果**：综合学习能力，也就是自学能力的锻炼。这是不太明显的结果。
>
> **第三个结果**：学习对情绪的影响，满足或失望，相信或不相信自己的能力。
>
> **第四个结果**：如果我们参与了学习，这对我们和他们之间的关系会有影响。这方面的结果可以是正面的（互相满意）或负面的（积蓄彼此的不满）。
>
> 请记住，父母有可能只注重第一个结果（是否学会了，掌握了什么）。无论如何不要忘记另外三个结果，它们要重要得多。
>
> 因此，如果您的孩子用积木搭起了一个奇怪的"宫殿"，捏了一只像壁虎一样的狗，字写得歪歪扭扭，或者不太连贯地讲述一个电影的内容，请别去纠正他。而如果您还对他做的事表现出真正的兴趣，您会感觉到，你们之间相互的尊重和好感会明显地加深，这对您和他都很重要。

一次，一个9岁男孩的父亲承认："我对儿子太挑剔了，结果扼杀了他学习新东西的一切愿望。有一段时间我们俩特别喜欢组装模型。现在他自己组装，而且做得很好。但是他只有这么一个爱好，就是模型，模型，无论如何也不想开始做点什么新的事情。他总是说：我不行，做不好——我觉得这是因为我对他的批评太多了。"

不随意插手

我希望,现在您已经准备好接受一个原则,当孩子埋头于独立做一件事情的时候,应该采取这个原则——我们把它称为**第1条原则**。

> 如果孩子没有请求帮助,不要插手。您的不参与是在告诉他:"你做得挺好的,你当然能成功!"

家庭作业

作业1

想一下(甚至可以列一张表):哪些事您的孩子大体可以独立胜任(尽管并不总是做得很好)。

作业2

开始的时候从这些事情中选择几项,在完成的过程中尽量一次也不要参与。事后无论结果如何,都要表扬孩子的努力。

作业3

记住孩子犯的两三个您觉得特别主要的错误,在空闲的时候用合适的语气给他讲一讲。

第 3 课
我们一起来!

如果孩子觉得困难,一定要帮他

☺

最近发展区规律

☺

有效帮助孩子的方法

☺

学骑两轮自行车

☺

如何保护孩子的求知欲和好胜心?

☺

家庭作业

☺

家长提问,解答

如果孩子觉得困难,一定要帮他

上一课我们讲到,当一个孩子想独立做一件事并自得其乐的时候,不要打扰他,这是很重要的(第1条原则)。

但如果他遇到了很大的困难,自己解决不了的时候,就是另一回事了。在这种情况下,不插手的观点就不适用了,这样做有害无益。

一个11岁男孩的父亲说:"米沙过生日的时候我们送给他一套模型。他很高兴,马上就开始组装。那是一个星期天,我陪着小女儿在地毯上玩。五分钟后我听到儿子说:'爸爸,装不上,帮帮我。'我回答说:'怎么,你还是小孩子吗?你自己想办法。'米沙的情绪低落下来,很快就把模型放到一边了,直到现在也没有再动过。"

为什么父母经常像米沙的父亲这样回应孩子的请求呢?最大的可能是,他们是出于好意,想培养孩子独立、不怕困难的品质。

当然,也有其他原因:没时间,没兴趣,或者父母自己也不会。所有这些"教育观"和"正当理由"是执行第2条原则的主要障碍。让我们先简要地把这条原则写下来,随后再加以比较详细的讲解。

> 如果孩子感到困难而他想接受您的帮助,一定要帮助他。

"我们一起来……"是很好的表达方式,它好像有种魔力,可以为孩子打开一扇门,使其获得新技能、新知识,培养新爱好。

乍看起来第1条原则和第2条原则似乎是互相矛盾的。但这种矛盾只是表面的,实际上它们只是针对不同的情况。适用第1条原则的情况是,孩子没有请求帮助,当您去帮助他的时候,他甚至会反对。而适用第2条原则的情况是,孩子或是直接求助,或是抱怨"不会弄","不知道怎么做",或是因为受挫而放弃了刚开始做的事。所有这些现象都表明,我们必须帮助他。

最近发展区规律

第 2 条原则不仅是善意的建议，而且是建立在著名心理学家维果茨基发现的心理规律基础上的，他把这个规律定义为"孩子的最近发展区"。我深信，每个做父母的都一定要了解这一规律。我简要地讲解一下它的内容。

我们知道，每个孩子在每个年龄段可以独立完成的事情都限制在一定的范围，在这个范围之外，是他只能在成年人帮助下完成或完全无法胜任的事情。

例如，学龄前的孩子可以自己系扣子，洗手，收玩具，但他不能很好地安排自己一天的事情。所以在学龄前儿童的家里经常听到父母说："该做某事了"，"现在我们要……"，"我们先去……然后……"

我们来画一个简单的示意图——一个大圆套着一个小圆。小圆圈代表孩子可以独立完成的事，而在两个圆之间的区域是孩子必须和大人在一起才能完成的事。在大圆的范围之外是他现在无论一个人还是和大人一起都无法完成的事。（见图 3.1）

现在我可以来解释维果茨基的发现了。他指出，随着孩子的成长，他独立完成事情的范围也在逐渐扩大，而这种扩大的基础是他曾经和成人一起完成的事，而不是大圆圈之外的那些事。换言之，孩子明天会独立去做今天他和妈妈一起做的事，而也正是因为"和妈妈一起"做过，他才能独立完成。一起做事情的范围就是孩子的金矿，是他在最近的将来的潜力。正因如此，它被称为最近发展区。试想，一个孩子的这一区很大（图 3.1 - a），也就是父母和他一起做很多事，而另一个孩子这一区较窄（图 3.1 - b），因为父母经常让他自己玩。第一个孩子发展得自然比较快，比较自信，比较成功，比较顺利。

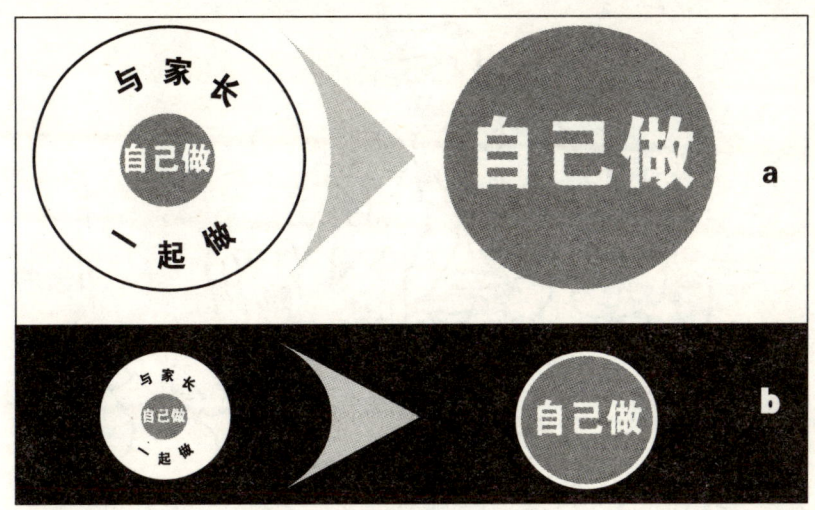

图 3.1

现在,我希望您已经明白一些了,为什么出于"教育目的"而把孩子一个人扔在他感到困难的地方,是大错特错的——因为这意味着漠视成长的基本心理规律。

应该说,孩子可以很清楚地感知到,他们现在需要什么。他们经常请求"跟我玩一会儿","带着我","我也去行吗"?如果您不是真的有什么重要的原因,不得不拒绝或是推迟,那么一定应该回答"可以"。

如果父母总是拒绝会怎么样呢?我举个例子,这是在一次心理咨询时的谈话。

母亲:我的孩子很怪,大概不正常。前几天我和丈夫在厨房坐着说话,而他打开门,拿着根棍子朝我们冲过来就打。

咨询师:通常您和他一起做些什么?

母亲:和他吗?什么也不做。我哪有时间?我在家做家务忙得团团转,而他总像个尾巴一样追着我,总要我跟他玩。我跟他说:"别闹,自己玩儿,难道你的玩具还少吗?"

咨询师:那么您丈夫和他玩吗?

母亲:哪里!我丈夫一下班就往沙发上一坐看电视。

咨询师：那么您儿子找他吗？

母亲：当然找了。而他总是把他赶走："我累了，你没看见吗。找你妈去！"

既然如此，失望之极的孩子采取"体罚"又有什么好吃惊的呢？他的攻击是他对父母与自己不正常沟通方式的反应。这样的方式不仅无助于孩子的成长，有时还会导致他产生严重的情感问题。

有效帮助孩子的方法

现在让我们通过一个具体的例子来看一看如何使用第 2 条原则。

我们知道，有的孩子不喜欢阅读，父母有理由为此忧虑并想方设法让孩子读书，但经常是收效甚微。

第3课　我们一起来！

我认识的一对夫妇抱怨他们的儿子很少看书。他们俩都希望儿子成为一个有教养、有学问的人。他们很忙，因此仅限于找来些"最有趣的"书放到儿子的桌子上。不错，他们还提醒，甚至要求孩子坐下来读书。但是孩子却无动于衷地从一摞一摞历险小说或幻想小说旁边走过，到外边和伙伴们踢足球。

有些父母经过不断的探索发现一个比较有效的方法：和孩子一起读书。在很多家庭，大人会给学龄前不识字的孩子读书，但是有的父母在他们的儿女上学后继续这样做。我很快发现，对于"孩子学会拼读单词以后，和他一起读书的做法还需要持续多长时间"这个问题，无法给出一个统一的答案。原来，孩子们养成阅读习惯的速度不同（这是由他们个人大脑的发育不同特点决定的）。因此在孩子掌握阅读能力的困难阶段帮助他对书的内容发生兴趣是很重要的。

在家长讲座班上，一位母亲介绍了她是如何唤起9岁儿子的阅读兴趣的。

沃瓦不太喜欢读书，他读得很慢，懒洋洋的。而因为读得少，他又无法提高阅读速度。这就形成了一种恶性循环。怎么办？我决定引起他的兴趣。我找了一些有趣的书，晚上读给他听。他上床以后等着我做完家务。

我们一起读，两个人都很想知道接下来会怎么样？已经该熄灯了，而他总是求我："妈妈，求求你再读一页！"我自己也很感兴趣……于是我们定好了：再读5分钟，不能再延长了。当然，他总是迫不及待地等着第二天晚上。有时候他等不及，就自己把故事读完，特别是如果剩下的不多了。后来已经不是我对他说，而是他对我说："你一定要把这些读完！"我当然尽量读完，好在晚上开始和他一起读新的故事。这样慢慢地他开始把书拿在手上了，现在有时候你不让他读都不行！

这个很有说服力的范例告诉我们，当家长遵照上述规律明智

行事的时候,他们不仅为孩子建立了最近发展区并帮助他扩展了能力,而且很容易和孩子保持良好的关系。

现在我们可以完整地写出**第 2 条原则**了。

> 如果孩子感到困难,他准备接受您的帮助,那么一定要帮助他。同时:
> 1. 只做他不能独立完成的部分,其余部分让他自己做。
> 2. 当孩子逐渐学会做一件事的时候,慢慢地把这件事交给他。

您已经看到,第 2 条规律告诉我们,当孩子遇到困难时如何帮助他。下面的例子进一步说明了这条原则的含义。

学骑两轮自行车

大概很多人都曾教过孩子骑两轮自行车。开始的时候一般是孩子坐在车座上,很难保持平衡,总是要连人带车地摔倒。您必须用一只手扶着车把;另一只手扶着车座,让自行车立住。在这个阶段几乎所有的事都是您亲自做的:您要推自行车,而孩子只是笨拙、紧张地试着蹬脚踏板。但是过一段时间您会发现,他自己开始控制车把,于是您慢慢地把手放松了。

再过一段时间,您发现可以放开车把,只扶着车座跟着跑。最后,您觉得可以不时地放开车座,让孩子自己骑几米,但要随时准备再次去扶他。最后他终于可以自信地独自骑车了!

孩子在我们的帮助下学会的所有新东西,都与此相似。一般来说孩子都是积极的,他们总是想自己去做您所做的事。

如果说,父亲开始和儿子一起玩电气火车游戏的时候要负责组装铁轨,并把变压器连接到轨道上,那么过一段时间后,孩子就会尽量自己做所有的事,而且会按照自己的兴趣来铺设轨道。

如果开头妈妈揪下一块面团给女儿,让她做自己的"宝宝"馅饼,那么不久孩子就会想自己和面、揉面团。

孩子对掌握一切新技能的向往和对攻克难关的追求弥足珍贵,要像呵护眼珠一样去呵护。

如何保护孩子的求知欲和好胜心?

看来,我们已经谈到一个最敏感的话题:如何保护孩子的这种天性?如何不压制、摧残这种天性?

父母往往会犯两种错误。

第一种错误是:过早地把自己做的部分推给孩子。这相当于在我们举的学骑自行车的例子中,大人5分钟以后就放开车把和车座,于是孩子摔倒了,可能从此就不再有学骑车的兴致了。

第二种错误是相反,父母介入的时间过久、干预过多,也就是在共同的活动中讨厌地指手画脚。下面的例子也可以帮助我们很好地明白这种错误。

请想象一下:父母把住车把和车座,跟在孩子旁边跑,一天、两天、三天、一个星期……他能学会自己骑车吗?够呛。他很可能对这种无意义的活动产生厌烦，而且一定会讨厌父母的介入。

在以后的课程中，我们将多次回到孩子和父母在日常活动中遇到的困难。现在我们要留作业了。

Box 3-1

为什么会这样

我们对一些少年做过问卷调查，问题是他们是否帮助家长做家务。多数4-6年级的孩子做出了否定的回答。同时孩子们对父母不允许他们多做家务表示不满：不让他们做饭、洗衣服、熨衣服、买东西。而7-8年级不做家务的学生也同样多，但对此不满的人数要少好几倍！

这个结果证明，如果得不到父母的支持，孩子积极地承担各种事情的愿望就会消失。以后大人又责备孩子"懒惰"、"不自觉"、"自私"，为时已晚且毫无用处。有时这些"懒惰"、"不自觉"、"自私"是我们做父母的不自觉地促成的。

家庭作业

作业1

选择一件您的孩子不太能胜任的事入手。给他提出建议："我们来一起做吧！"看一看他的反应：如果他反应积极，就和他一起做。特别注意您什么时候可以减少介入（"放开车把"），但这件事不要做得太早、太急。一定要注意到孩子最初独立行动获得的哪怕是小小的成功，祝贺他（也祝贺自己）！

作业 2

选择两件您希望孩子学会自己做的事情。重复同样的程序。再次祝贺他和自己。

作业 3

一天中一定要和孩子一起玩一玩，聊聊天，谈谈心，让你们共同度过的时间给他带来愉快的感受。

家长提问，解答

问题：经常这样和孩子一起做事会不会把他惯坏了？他会习惯把什么事情都推给我。

回答：您的担心很有道理。不过，他的事您承担多少和多久，这取决于您。

问题：如果我没时间和孩子一起玩怎么办？

回答：我想，您是说您有"更重要的事"。您要知道，把哪些事放在更重要的位置上，这是您自己作出的选择。有一个很多父母都了解的事实可以帮助您做出选择，那就是事后补救在孩子教育中造成的漏洞要花十倍的时间和精力。

问题：如果孩子既不自己做，也不接受我的帮助怎么办？

回答：您似乎是遇到了亲子关系中的情感问题。这正是我们下一课要讲的内容。

第4课
如果孩子不想做怎么办

孩子能做而不做
☺
平等相待，善用外部手段
☺
是谁坐火车？
☺
逆水行舟
☺
顺水行舟
☺
该放手时就放手
☺
让孩子肩负起责任
☺
允许孩子犯错
☺
家庭作业
☺
家长提问，解答

孩子能做而不做

"一起做"是一个很重要的题目,所以我们还要用一课来讲这个问题。我们先来谈谈协作中的困难和冲突以及如何避免。

我们先来谈谈让成年人束手无策的一个典型问题:有些必须做的事情,孩子是完全会做的,对他来说,把散乱的玩具收进盒子里,铺床或晚上准备好书包已经毫无困难了,但他就是固执地不肯做!

"在这种情况下该怎么办?"家长们问道,"还是和他一起做吗?"

可以这样做,也可以不这样做。这完全取决于孩子"不听话"的原因。可能您还没有和他一起走过必须的过程。要知道是您觉得他很容易自己把所有的玩具放回原处。也许,如果他请求"我们一起",那么这不是无缘无故的:也许他料理自己的事还有困难,也可能他只是需要您的参与和精神支持。

第 4 课　如果孩子不想做怎么办

我们来回想一下：在学习骑两轮自行车的时候也曾有那个阶段，您已经不用手扶车座了，但还是在车旁跟着跑。而这会给您的孩子力量！我们会发现，我们的语言多么精确地表达了这个心理敏感期的需要："精神上的支持"是另一种形式的参与，它与亲力亲为的参与（扶持）传递的是同样的信号！

但在更普遍的情况下，任性、拒绝这些消极情绪的根源是"消极的感受"。这可能是孩子本身的问题，但在更多的情况下，问题出在您和孩子之间，出在您与他的相互关系上。

一次，一个十几岁的女孩子在与心理医生谈话时承认：

"我本来早就可以自己收拾房间、自己洗盘子，但如果这样，他们（父母）就以为自己赢了。"

如果您与孩子的关系早就搞糟了，不要以为只要采取某种措施就会马上把一切搞定。当然要采取一定的"方法"。但如果没有友善、温暖的语气，这些方法一点用处也没有。友善、温暖的语气是成功的关键。如果您的参与对孩子做事没有帮助，甚至他拒绝您的帮助，您应该停下来，注意一下自己是如何与他沟通的。

"我很想让女儿学会弹钢琴,"一个8岁女孩的母亲说,"我买了琴,请了老师。我自己过去学过钢琴,后来放弃了,现在觉得很可惜。我觉得让女儿能学会弹琴也不错。我每天跟她一起在钢琴前坐两个小时,可是时间越长越糟糕!她先是不能坐下来踏踏实实地练琴;然后开始闹脾气,我说她一句,她就顶一句;最后她说:'你走,你不在还好点!'但我知道,只要我一走,她就开始乱来:手型也不对,指法也不对,很快就草草收场,说'我练完了'。"

可以理解妈妈的担心和无比美好的意图,何况她尽量做得"合乎要求",也就是在女儿遇到困难的时候帮助她。但她忽视了最基本的条件,而缺少这个条件对孩子的任何帮助都会适得其反,这个基本条件就是——友好沟通的语气。

请想象一下这样的情形:一个朋友来找您一起做一件事,比如说,修电视机。他坐下来对您说:"好吧,把说明书拿过来,现在拿出改锥把后盖儿打开。嗨,你是怎么拧螺丝的?别这样拧!"……我想不用再说下去了。英国幽默作家杰罗姆曾调侃这种"合作":

"我,"作者用第一人称写道,"不能心安理得地坐在那里看别人干活。我想参与他的工作。一般我会站起来,开始在房间里走来走去,把手插在口袋里,指出应该做什么。我生来就是这种性格,不能等闲视之。"

平等相待,善用外部手段

也许有些时候需要"指令",但不是在和孩子一起做事的时候。只要出现了指挥命令的语气,合作就结束了。因为合作意味着平等,不能对孩子居高临下,孩子对此非常敏感,而且会不遗余力地抵制。于是他们开始抗拒"必须的",不同意"显而易见的",质疑"无可争议的"。

保持"平等"的态度并不那么容易，有时候需要揣摩孩子的心理，想一些高招儿。我讲一讲一个母亲的经验。

别佳身体弱，不喜欢运动。父母劝他进行锻炼，买了一根单杠安在门框上。爸爸演示如何做引体向上，但是没用——孩子对运动仍然没有兴趣。于是妈妈提出和别佳比赛。他们在墙上贴了一张表，写上"妈妈"、"别佳"。两个人每天在自己的一栏填上俩人分别做了多少次引体向上。不一定要连续做，实际上妈妈和别佳都做不了。别佳开始提高警惕：千万不要让妈妈超过自己。不错，为了不落在儿子后面，妈妈也不得不努力。竞赛持续了两个月，结果让人头疼的体育课成绩问题顺利地解决了。

还有一个好办法可以帮助孩子和您自己乱发"指令"。这个方法与维果茨基的另一项发现有关，并多次为科学研究和实践经验所证实。

维果茨基发现，如果在一定的阶段用一些"外部手段"帮助孩子，那么他就可以更容易、更快地学会管理自己和料理自己的事情。这些外部手段包括用来提醒的图片、要做事情的清单、字条、图表或落实成文字的相关细则。

请注意，此类方法已经不是大人讲的话，而是其替代品。孩子可以自己使用它们，这样，他已经在学着管理自己的事情了。

我举一个例子，一个家庭借助这种外部手段取消了父母的"指挥功能"，确切地说，是把这个功能转给了孩子自己。

安德烈已经6岁了。父母要求他在出去玩的时候自己穿衣服，这个要求并不过分。因为是冬天，外面很冷，所以要从头到脚穿戴很多东西。孩子有些"晕头转向"：有时只穿上袜子就垂头丧气地坐下来，不知道接下来该做什么；有时穿上大衣、戴上帽子，穿着拖鞋就要出门。父母认为这是因为孩子懒惰、不认真，总是责备他，催促他。总之，日复一日地发生冲突。但是在咨询了心理医生之后，一切都变了。父母把孩子应当穿戴的东西列了一张表，表很长，有整整9项！孩子已经识字，但父母还是和孩子一起在每一个名称旁把相应的东西画成图画，然后把这张图表贴在墙上。

家里从此恢复了平静，冲突不见了，而孩子非常忙碌。现在他忙什么呢？他用手指指着图表寻找需要的东西，跑去把它穿在身上；然后再跑去看图表，找下一样东西。

不难猜想，很快就会发生什么事情——孩子记住了这张图表，开始很快地独立做出门的准备，就像父母准备上班一样。可喜的是，做这一切的时候，无论是儿子还是父母都轻松应付，一点都不紧张。

是谁坐火车？

我们来分析一下下面这种在尝试与孩子协作时发生冲突的常见原因。往往父母非常愿意教孩子和帮助孩子，也注意自己的语气，不生气，不命令，不批评，但还是不行。那些过于关心孩子的父母常会遇到这种情况，因为他们想让孩子学的东西超过孩子自己的意愿。

― Box 4 – 1 ─────────────────────────

外部手段

(父母的经历和经验)

　　一位有两个学龄前孩子（一个 4 岁，一个 5 岁半）的妈妈听说使用外部手段的好处后，决定采用这种方法。她和孩子们一起列了一张表，上面写着早上必须做的事，并画成了图画。图画贴在孩子们的房间、浴室、厨房。孩子们行为的变化大大超出了预想。此前整个早晨妈妈一直在提醒："整理被褥"，"去洗脸"，"该吃饭了"，"随手收拾餐具"……现在孩子们则忙不迭地努力完成表上的每件事。这样的"游戏"持续了两个月，而后孩子们开始自己画画提醒自己做别的事了。

　　还有一个例子："我要出差两个星期，我 16 岁的儿子米沙一个人在家。除了其他事情以外，我还不放心家里养的花儿，因为需要很精心地浇水，米沙完全不习惯做这件事，我们已经有过花儿枯死的惨痛经验了。幸好我想出了一个好主意：我把几张白纸折成花盆儿，用大写字母写上：'米什卡，请给我浇水，谢谢！'效果非常好。米沙把花儿照顾得很好。"

　　在我们朋友家的过道挂着一个特殊的黑板，每个家庭成员（妈妈，爸爸和两个上学的孩子）可以把自己要发布的任何事情贴在上面：有提醒，有请求，有简短的信息，有对某人某事的不满，有感谢等等。这块板子是真正的家庭沟通中心，甚至是解决困难的工具。

─────────────────────────────────

　　我记得一个情景。这是在学校放寒假的时候，在高加索。大人和孩子都在雪道上滑雪，而在山坡中间却站着几个人：妈妈、爸爸和他们 10 岁的女儿。女儿脚上穿着崭新的儿童雪橇（当时这是很少见的），身上穿着很漂亮的新滑雪服。他们在争执什么。我在他们旁边无意中听到了下面的对话：

"多玛,"爸爸说,"就做一次转弯也好!"

"我不。"多玛任性地甩着膀子。

"做一个吧,"妈妈帮着劝,"只要稍微动一下滑雪杖就行。看,爸爸给你做示范。"(爸爸做示范)

"我说了不做,就不做!我不想做。"女孩子扭着身子说。

"多玛,我们费了那么大劲儿,为了让你学会滑雪,我们专门来到这儿,票很贵的。"

"我又没求你们!"

当时我想,有多少孩子梦寐以求能有这样的雪橇(很多父母根本买不起),梦想能有机会来到这样有跳台的高山上,由教练教他们滑雪啊。而这个穿着漂亮的小女孩什么都有,却好像一只关在金笼子里的小鸟,什么都不想要。如果爸爸妈妈提前为你想好了一切,打算好了一切,你很难有自己的想法和打算。

在学习上有时也会发生相同的情况。15岁的奥丽雅的父亲来做心理咨询。

女儿在家里什么都不做,无法说服她去商店买东西,吃过的餐具不洗，自己的衣服也不洗，团成一团放两三天。父母心甘情愿不让奥丽雅做任何事，只要她肯学习。但她也不想学习。放学回来不是躺在沙发上，就是没完没了地煲电话粥。学习成绩不是"3分"就是"2分"。父母觉得她升不了10年级，至于毕业考试他们简直想都不敢想。妈妈的工作是隔天在家，在家的时候她满脑子想的都是奥丽雅的功课。爸爸从单位打来电话问：奥丽雅开始做功课了吗？没有，没做。"等爸爸下班回来，我和他一起做。"爸爸回家乘地铁的时候抓紧时间看课本，熟悉奥丽雅的历史和化学内容，然后"全副武装"地回到家。但是说服奥丽雅做功课并非易事。最后，8点多，奥丽雅终于肯给面子了。她读题目，爸爸尝试给她讲题。但奥丽雅对此并不领情："反正讲不明白。"奥丽雅的责备声和父亲的劝说声交织在一起，乱成一团。这种情况通常会持续10分钟，然后奥丽雅把课本一推，有时还会歇斯底里。现在父母在想，是不是给她请家庭教师。

奥丽雅父母的错误不在于他们非常想让女儿学习，而在于他们是代替奥丽雅去那么想。

这让我想起了一个笑话。一群人在站台上猛跑，他们跑得很急，因为要迟到了。火车已经开动了，他们跳上车，别人跑着把东西扔给他们，然后火车开走了。留在站台上的人筋疲力尽地坐到箱子上哈哈大笑起来。"你们笑什么？"有人问。"坐车走了的是送我们的人！"

替孩子做功课或和孩子一起"考大学"，上英语班、数学班、音乐学校的父母很像那些傻乎乎的送行者。我这么说，想必您不会反对。他们热情过度，以至于忘了要出发的不是他们，而是孩子。这样孩子就往往会"留在站台上"。

奥丽雅就是这种情况，在随后的3年我们对她的成长进行了跟踪。她勉强从中学毕了业，考上了一个她不感兴趣的工学院，但是连一年级都没有上完就退学了。

逆水行舟

那些想让孩子出人头地的父母往往自己生活艰难。他们没有腾出精力和时间发展自己的兴趣和个人生活。他们做父母的责任当然很沉重——因为总是要逆水行舟！

而这会对孩子产生什么影响呢？

一位母亲带着14岁的女儿来找我。妈妈精力充沛，嗓门很大，而女儿则无精打采，麻木不仁，对什么都不感兴趣，什么都不做，哪儿也不想去，不交任何朋友。不错，她很听话，在这方面妈妈对她没有任何不满。

我和女儿单独谈话的时候问道："如果你有一根魔棒，你想要点什么呢？"女孩子想了很久，然后小声地、迟疑地回答："我希望我有自己的想法，而不是凡事总听父母的。"

这个回答深深震动了我,父母竟会将孩子自己产生愿望的能量如此地剥夺无余!

但这是一个极端的例子。更多的孩子是为拥有话语权,为得到需要的东西而抗争。这时如果父母坚持自己的主张是"正确的",那么孩子就会同样固执地做"不正确的"事。不管什么事,只要是自己想做的,有时仅仅是为了"对着干"。这种情况在十几岁的孩子身上最常见,于是形成了一种荒唐的局面:父母费尽心力,结果无意中使孩子产生反感,致使他们不肯做正事,不能对自己的事负责。

别佳的妈妈来找心理医生。这是常见的问题综合征:九年级的"问题生",不做作业,对看书不感兴趣,总想从家里溜出去。妈妈很焦虑,对别佳的未来很担心,不知他将来会怎么样?他会成为一个什么样的人?而别佳自己呢?什么都不在乎。这个脸色红扑扑、笑眯眯的"小孩子",心地淳厚。他觉得一切都挺好。在学校发生了不愉快的事?没关系,会应付过去的。总之,过得挺好,只是妈妈总烦他。

这是很典型的现象。一方面是父母过高的教育热情,另一方面是孩子的幼稚（也就是不成熟）。这证实了一条心理学规律：

> 只有在按照自己的愿望兴致勃勃去做的事情中，孩子的人格和能力才会得到发展。

一条至理名言说得好："可以把马硬拉到河里，但无法强迫它喝水。"可以强迫孩子机械地死记硬背，但这样塞进他脑子里的"科学"是僵硬的教条。此外，父母越是固执，孩子越有可能产生逆反心理，就连对最有意思、最有用和最重要的功课都兴趣索然。

顺水行舟

那么怎么办呢？如何避免逼迫孩子以及由此引发的冲突发生呢？

首先，应该好好观察一下，您的孩子对什么最感兴趣。可能是和娃娃过家家，摆弄汽车，结交朋友，组装模型，踢足球，喜欢现代音乐……您可能觉得这些事情中有一些是无益甚至有害的。但是您要知道，对于他来说这是重要和有趣的，所以应该予以尊重。

好，如果您的孩子对您说，正是这些事对于他来说是重要的、有趣的，那么您可以站在他的角度来看这些事，从他的内心去看，要避免提出建议和作出评价。如果您能够参与孩子的这些活动、和他分享他的兴趣，那是再好不过了。如果那样，孩子会非常感谢家长。这种参与还会带来其他的结果：当您的孩子在兴头儿上的时候，您可以慢慢告诉他您认为有益的东西：更多的知识、生活的经验、您对事物的看法，甚至阅读的兴趣。如果从与他兴趣相关的书籍或文章入手就更好了。

这样您的小船就会顺流而下了。

我以一个父亲的经历为例。开始,用他的话来说,他被儿子房间里传来的吵闹的音乐搞得痛苦不堪,但后来他拿出"杀手锏":他把自己那点可怜的英语知识捡起来,向儿子提出建议:把外国歌曲的歌词听清并记下来。结果出人意料:音乐声变小了,而儿子爱上了英语,甚至到了痴迷的程度。后来他从外语学院毕业,成了一名专业翻译。

这种有效的策略有时是父母凭直觉找到的,这就好比把精选的苹果树枝与野苹果树嫁接在一起。野苹果树生命力强、耐寒,被嫁接的树枝慢慢获得了它的生命力,然后长成上等的苹果树。人工培植的树苗单靠自身是无法在土壤中成活的。

兴趣和爱好也同样,家长和老师建议也好,要求、责备也罢,都不能强求。但是它们却可以很好地"嫁接"在已有的兴趣上。就算这些兴趣开始时还很"粗陋",但它们有生命力,而这种力量足以支撑"培植的树种"成长和开花。

我知道讲到这里要遇到家长的反驳了:不能只凭兴趣;需要有规矩,负责任,有些事是必须做的,包括没有意思的事!对此我不反对。关于规矩和责任我们稍后再谈。而现在我提醒您,我们是在讨论因强制引起的冲突,也就是当您坚持甚至要求儿子或女儿做"需要做的"事,而这破坏了双方的情绪的那种情况。

Box 4-2

"出于爱"还是"为了钱"

希望孩子做某事（学会阅读，帮助做家务）而孩子不愿意做的时候，有的父母会采取"收买"的方法。如果孩子做了家长让他做的事，他们同意给予"酬劳"。

这条路不仅没有多大用处，而且很危险。一般会导致孩子的胃口越来越大——他要的越来越多，并且要求先得到奖励，而他所答应做出的改变却并未兑现。

为什么呢？要了解其中的原因，我们需要了解一个很微妙的心理机制，只是不久之前它才成为心理学家专门研究的对象。

有这样一个实验，一组大学生长期以来一直坚持玩他们喜欢的猜谜游戏。后来，他们的参与变成有偿参与。很快，这组学生参加游戏的次数变得比得不到任何报酬的学生少得多。

类似情况（包括生活实例和科学研究成果）是由下列机制决定的：一个人会兴致勃勃、卓有成效地去做他们根据自己内心愿望选择的事。如果他知道他会为此得到报酬或奖赏，他的热情就会下降，而整个活动的性质也会发生改变：现在他从事的不再是"个人创造"，而是"挣钱"。

很多科学家、作家、艺术家都知道，对于艺术创作来说，那种期待奖赏的、"按订单"搞创作是致命的，至少是与创作过程格格不入的。只有像莫扎特和陀思妥耶夫斯基那样具有鲜明个性的超级天才才能"按订单"创作出《安魂曲》和《罪与罚》这样的传世佳作。

这个话题会引发很多严肃的思考，首先可能遭到质疑的是学校规定必须学会的教材，然后根据答题打分的规则。这样的体系是否会破坏孩子天生的求知欲以及他们对新知的兴趣？

但是我们还是就此打住。最后我只想提醒大家：对孩子慎用外部激励、奖励、刺激的手段，它们可能带来很大的害处，扼杀孩子自发的、脆弱的积极性。

该放手时就放手

您大概已经发现,我们的课程不仅建议您对孩子应该(或不应该)做什么,而且建议家长本身应该改变什么。我们现在要讨论的一条原则正是关于如何改变自己的。

我们已经讲过必须适时地"放开车把",也就是不要代替孩子去做他已经能做的事。然而,由于这条原则涉及家长在具体事件中"抽身而退"的渐次性,所以我们现在来谈谈如何达到预期目标。

一个关键的问题是:这是谁该操心的事?开始的时候当然是父母要操心,但渐渐地呢?哪个做父母的不希望他们的孩子自觉地起床去上学,自觉地坐下写作业,根据天气决定穿什么衣服,按时上床睡觉,不用提醒就去上辅导班或参加体育训练?但是在很多家庭中这些事一直是父母要操心的事。您是否听说过有的妈妈每天早上要叫醒十几岁的孩子,而且还要为这件事跟他斗争?您是否听说过儿女的指责:"为什么你没给我……(做好饭,把衣服缝好,提醒)?!"

如果这种情况出现在您的家里,请特别注意**第 3 条原则**。

> 对孩子自己的事情,要逐渐地、但坚决果断地停止操心和负责任,让他自己去操心和负责。

让孩子肩负起责任

您不要被"不再操心"这句话吓着。这里说的是不再操心那些小事,那些没完没了的照顾会妨碍您的儿女的成长。把对自己的事情、行为的责任，乃至随后将对未来生活的责任交给孩子，这是您在与孩子的关系中所能表现的最大的关心。这是明智的关心。它会使孩子比较坚强自信，使你们的关系比较平静、开心。

关于这一点，我想讲讲我自己生活中的一段经历。

那是在很久以前。当时我刚大学毕业，生了第一个孩子。那段时间很困难，工作收入不高。我的父母收入当然比较高，因为他们工作一辈子了。

有一次，我父亲在聊天的时候说："你如果有急用，我可以给你物质支援，但不想经常这么做：那样只会害了你。"

我一辈子忘不了这句话以及我当时的感受。这种感受可以这样表述："是的，这很公平。谢谢那些对我特别的关心。我尽量自己应付，而且，我想，我能行。"

回首往事，现在我明白了，父亲对我还说了更多的话："你已经有足够的能力独立生活，现在自己走吧，你不再需要我了。"在我以后遇到的很多生活困境中，他的这种用闲聊表达出来的信任都给了我很大帮助。

把责任转给孩子的过程很不容易。要从小事开始。但是即使是这些小事，父母也往往很不放心。这可以理解：因为这有可能让孩子暂时有什么闪失。常常会有这样的反对意见："我不叫他怎么行呢？他肯定会睡过头的，那样他在学校会有很大的麻烦。"或者："如果我不让她做功课，她会不及格的！"

允许孩子犯错

不管听起来多么荒唐，但您的孩子是需要反面教训的。当然，前提是他的生命和健康不会受到威胁（我们将在第9课更详细地讲这个问题）。

可以把这一点作为**第4条原则**记住。

> 让孩子有机会品尝其行为（或不作为）造成的不良后果。只有这样他才能够长大，才能"长记性"。

第 4 条原则与成语"吃一堑，长一智"讲的是同样的道理。我们要鼓足勇气，有意识地让孩子犯错误，以使他们学会独立。

家庭作业

作业 1

看看您是否会和孩子因为某些您认为他可以并能够自己完成的事情发生冲突。选择其中的一件和他一起做一段时间。观察一下，他和您一起是否做得更好？如果是这样，请开始做下一道作业。

作业 2

请想一种可以代替您参与孩子的某件事情的外部手段。可以是闹钟，落实成文字的规定或约定、表格等等。和孩子一起讨论并利用这种辅助方法达到目的。要确信这种方法是方便他使用的。

作业 3

找一张纸，在中间垂直画一条线。左面写：自己做，右面写：一起做。把孩子自己决定和自己做的事与您通常要参与的事

第4课 如果孩子不想做怎么办

分开。(最好你们一起协商填写)然后看一看,在"一起做"一栏中有什么可以马上或不久转到"自己做"一栏中。要记住,每一次转移都是您的孩子成长的重要一步。对他的这个进步一定要给予表扬。您可以在 box 4-3 中看到这个清单的示例。

Box 4-3

示例:一位母亲和 11 岁的女儿一起列出的"自己做"和"一起做"表格。

自己做	和妈妈一起做
1. 起床,去上学。	1. 有时和妈妈一起做数学作业,妈妈给讲题。
2. 决定什么时候开始写作业。	2. 一起决定什么时候可以请朋友来家里。
3. 自己过马路,还可以带弟弟妹妹过马路;妈妈同意,爸爸不同意。	3. 分配买来的玩具或糖果。
4. 决定什么时候洗澡。	4. 有时问妈妈我该做什么事。
5. 选择和谁交朋友。	5. 一起决定星期天做什么。
6. 自己热饭,有时自己做饭,照顾弟弟妹妹吃饭。	

我要说明一个细节:这是一个多子女家庭的女孩,可以看出,她已经相当独立了。同时我们看到,有一些事情她仍然需要妈妈的参与。我们希望,第 1 条和第 4 条很快就会转到左栏,它们已经在转移途中了。

家长提问，解答

问题：如果不管我怎么努力都没有用：他（她）仍然什么都不想做，什么都不做，和我们争执，我们无法忍耐，该怎么办呢？

回答：关于困难的情况和您的感受我们还要讲很多。在这里我只想说一点："请保持耐心！"如果您真的会努力记住这些原则并通过完成我们的作业进行练习，一定会有效果。但效果不会马上就很明显。有时要等几天，几个星期，有时要过几个月，甚至一两年，您播下的种子才会有收获。有些种子要在土壤中沉睡较长的时间。您只要不失去希望，继续耕耘。请记住：成长已经在种子中开始了。

问题：难道总是要用行动帮助孩子吗？我根据自己的经验知道，有的时候只是有个人坐在身边倾听也是很重要的。

回答：您说的完全正确！每个人，更不用说孩子，不仅需要用"行动"帮助，而且需要用"语言"来帮助，甚至用沉默来帮助。我们马上就要开始讲倾听和理解的艺术。

第 5 课
如何倾听孩子

什么是"积极倾听"?

☺

积极倾听的补充原则

☺

积极倾听的三个成果

☺

另外两个可喜变化

☺

家庭作业

☺

家长提问,解答

什么是"积极倾听"？

孩子出问题的原因往往深藏在他的情感方面，在这种情况下，行动——演示、教导、纠正——对于他是无济于事的。最好去……倾听他。不错，这不太符合我们的习惯。心理学家找到并很详细地描述了"有效倾听"的方法，或称"积极倾听"。

积极地倾听孩子意味着什么呢？让我们从一些场景开始。

妈妈坐在公园的长椅上，3岁的儿子哭着跑了过来："他把我的汽车抢走了！"

儿子放学回来，气呼呼地把书包一摔，父亲问怎么了，他回答说："我再也不去上学了！"

女儿准备出去玩，妈妈提醒她要穿得暖和些，可是女儿很任性地拒绝戴"这么难看的帽子"。

当孩子难过、委屈、受挫，当他感到痛苦、羞耻、害怕，当他受到粗鲁或不公平的对待，甚至当他累了，在这些情况下应该做的第一件事就是让他明白，您了解他的感受（或处境），"听到了"他的问题。

为此最好设想孩子此刻可能的感受，把他的感觉或感受"说出来"。

第5课 如何倾听孩子

我再把上述内容简单地概括如下：如果孩子有情绪问题，应该积极地倾听他。

积极倾听意味着在谈话中把孩子向您表示的情绪"还给他"，并特别突出他的感受。

我们回到前面的范例，看着家长该怎么说。

儿子：他把我的汽车抢走了！

妈妈：你特别伤心，生他的气了！

儿子：我再也不去了！

爸爸：你不想再去上学了。

女儿：我不戴这顶难看的帽子！

妈妈：你特别不喜欢它。

我要马上指出：这样的回答您很可能感到不习惯，甚至不自然。如果这样说会容易和习惯得多：

"没事，他玩一会儿就会给你……"

"你为什么不去上学了？！"

"别任性了，很好看的帽子！"

这些看起来很合理的回答有一个共同的缺点：让孩子孤立无援地独自面对他的感受。父母的建议或批评好像是在告诉孩子，他的感受无关紧要，没有被加以考虑。

相反，以积极倾听的方式做出的回答告诉孩子，父母了解孩子内心的状况，愿意更多地倾听并接受。

父母的这种直接表达的同情会给孩子特别深的印象（我要指出，它对家长自己的影响一点也不小，有的时候还要大得多。这个我们稍后再谈）。很多父母谈到，当他们初次尝试平静地"说出"孩子的感受时，发生了出乎意料的、有时是神奇的效果。我举两个真实的事例。

妈妈走进女儿的房间，看到房间里很乱。

妈妈：尼娜，你还没有整理房间吗？

女儿：哦，妈妈，等会儿。

妈妈：你现在一点也不想整理房间。

女儿（冷不防地扑上来抱住妈妈的脖子）：好妈妈，你真是我的好妈妈！

另一个事例是父亲和7岁儿子的谈话。

他带着儿子赶末班车，无论如何也不能迟到。路上孩子要买巧克力，但爸爸拒绝了。于是儿子不高兴了，开始故意磨磨蹭蹭，慢腾腾地走着，一会儿东张西望，一会儿"憋不住了"，要停下来小便。爸爸要做出选择：既不能迟到，也不想强行拉着儿子的手赶路。这时他想起了我们的建议。"丹尼斯，"他对儿子说，"我没有给你买巧克力，你生气了，不高兴，跟我闹别扭。"

接下来的情况完全出乎爸爸的意料：孩子乖乖地把手放在爸爸的手中，他们快步向车站走去。

当然，冲突并非总能如此快速地解决。有时孩子感到父亲或母亲愿意倾听他，理解他，会很乐意继续讲发生的事情。大人只要继续积极地倾听他就可以了。

妈妈正在打电话谈事情，5岁的女儿和10岁的儿子在隔壁房间里玩儿。突然传来了刺耳的哭声。

哭声离妈妈的房门越来越近，门把手开始转动。妈妈把门打开，看到女儿正靠在门框上哭，她身后站着不知所措的儿子。

女儿：呜呜呜！

妈妈：米沙欺负你了……（停顿）

女儿（继续哭着）：他把我弄倒了！

妈妈：他推你了，你摔倒了，碰疼了……（停顿）

女儿（不哭了，但还是用委屈的语调）：不是，他没抱住我。

妈妈：你从什么地方跳下来，他没接住你，你摔倒了……

（停顿）

带着负疚的表情站在身后的米沙使劲点头。

女儿（已经平静下来了）：对……我想找你（爬上妈妈的膝头）。

妈妈（过了片刻）：你想和我待一会儿，你还在生米沙的气，不想跟他玩。

女儿：不是。他听他的唱片，我觉得没意思。

米沙：好吧，我们走，我给你放你的唱片……

积极倾听的补充原则

这段对话让我们注意到积极倾听的几个主要特点和按这种方法进行对话的几个补充原则。

第一，如果您想听孩子说话，一定要转过身来和他面对面。还要平视他的眼睛，这也很重要。如果孩子小，要在他身边坐

下，把他抱在怀里或放在膝盖上，可以轻轻地把孩子拉到自己身边，走过去，或是把椅子拉一拉靠近他。

不要在另一个房间、脸朝着炉灶或洗餐具的池子、看着电视或报纸、仰靠在椅子上、躺在沙发上和孩子沟通。您对他的姿态是表示您在多大程度上准备倾听和听进去的最强烈的信号。您对这些信号要特别注意，因为任何年龄的孩子都能"读懂"，哪怕他并不能明确地意识到这些信号的含义。

第二，如果您和一个伤心难过的孩子谈话，不应该向他提问。您的回答最好是肯定句。

例如：

儿子（脸色不好）：我再也不跟别佳一起玩儿了。

家长：你生他的气了。

可能会做出的不正确的回答有：

"怎么了？"

"你怎么了？生他的气了？"

为什么家长的第一个回答比较好？因为它立刻表明，家长对儿子的"感情起伏"很在意，在倾听他并理解他的苦恼。在第二种情况下，孩子可能会觉得，父母根本没有同情他，而好像一个不相关的人，只对"事实"感兴趣，在审问他们。其实可能完全不是这样，而父亲在提问题的时候可能对儿子充满同情，但问题是，疑问句不能表达同情。

表面看来，肯定句和疑问句的差别并不大，有时只是细微的语调上的差别，但人们的反应却可能完全不同。对于"出什么事了？"这个问题，伤心的孩子经常回答"没事！"而如果您说："出了什么事了……"那么孩子就比较容易开始讲述发生的事。

第三，在谈话中"稍作停顿"也很重要。在您做出任何回答之前最好先停一下。请记住，这段时间是属于孩子的，不要用自己的猜测和意见来打断他。停顿帮助孩子理清自己的感受并同时更充分地感受到您在他身边。在孩子回答以后做一个停顿也很好，因为他可能还想补充什么。从孩子的眼睛可以看出他还没有准备好听您的回答。如果他的眼睛没有看着您，而是看着旁边，向自己"内心"或远处看，那么就应该保持沉默，因为他的内心正在进行必不可少的思想活动。

第四，有时在您的回答中按照自己的理解来复述孩子遇到的问题，然后指出他的感受，也是很有好处的。在上述的示例中父亲的回答可以由两句话组成：

儿子（脸色不好）：我再也不跟别佳一起玩儿了。

父亲：你不想再跟他做朋友了（重复听到的内容）。

儿子：对，不想了。

父亲（停顿一下）：你生他的气了（指出他的感受）。

有时父母担心，孩子会觉得重复他的话是要笑他。如果换种说法表示同样的意思，就可以避免这种情况。例如，在我们的例子里，父亲用"做朋友"代替了"一起玩儿"。实践表明，即使您使用同样的句子，但准确地体察到了孩子的感受，他通常也不会发觉有什么不正常，谈话仍然可以顺利地进行下去。

当然，也可能您在回答时对发生的事情或孩子的感受说得不准。您不用着急，他会在下一句话中给您纠正。要认真对待他的纠正，并表现出您已经接受了。

例如，在两个孩子那个例子中，妈妈是在第三次才正确地说出小女孩和她的哥哥发生了什么事（"你从什么地方跳下来，他没接住你"）。此后女儿马上平静下来。

积极倾听的三个成果

我想再次指出，掌握这种积极倾听的方法并不容易。但是您一旦看到这种方法带来的成果，就会感到如获至宝。这些成果也证明您的倾听方式是正确的。成果至少有三个，包括：

1. 孩子的负面感受消失或至少是大大降低。这里有一条绝妙的心理规律在起作用：分享快乐，就会有双倍的快乐；分担痛苦，痛苦就会减少一半。

2. 孩子确信大人准备倾听以后，会开始越来越多地讲自己的事；讲述（抱怨）的题目会发生变化，会扩展。有时在一次谈话中会出乎意料地解开一大团问题或苦恼。

妈妈安顿4岁的女儿玛莎躺下睡觉，小姑娘求妈妈在床边坐一会儿。

女儿：妈咪，再陪我一会儿，就一会儿！

第5课　如何倾听孩子

妈妈：玛莎宝贝，已经很晚了，所有孩子都睡了。

女儿：我一整天总是一个人呆着，再也不想一个人了！

妈妈：你一整天都和小朋友在幼儿园玩儿来着……（想起积极倾听）你觉得孤单了……

女儿：有好多小朋友，可是妈妈不能进幼儿园。

妈妈：你想我。

女儿：想。还有，萨沙·彼得罗夫打我。

妈妈：你生他的气。

女儿：他把我的玩具弄坏了！

妈妈：你伤心了……

女儿：没有，我推他了，不让他弄，他用拳头打我的后背。

妈妈：很疼……（停顿）

女儿：疼，你又不在！

妈妈：你想让妈妈哄哄你。

女儿：我想和你去……

妈妈：去……（停顿）

女儿：你答应我和伊戈尔去动物园了，我一直等啊等，可你一直不带我们去！

　　我们往往用坚决的语气说"很晚了！""该睡觉了"，结果使得孩子只能孤立无援地独自承受着各种坏情绪，而实际上，只要在孩子入睡前花几分钟的时间，就可以使他们得到很好的抚慰。

　　很多父母讲到，积极倾听帮助他们打开了和孩子的沟通渠道。

　　下面是 T. 柯尔顿书中的一个例子。

　　一个 15 岁女孩的父亲在家长学习班学习了积极倾听的方法以后，回到家看到女儿正坐在厨房和一个同班同学聊天。两个孩子在用不中听的语气指责学校。"我在椅子上坐下，"这位父亲随后说道，"决心无论如何要积极地倾听他们的谈话。结果两个孩子不停嘴地说了两个半小时，这两个半小时中我对女儿的了解超过了过去的几年！"

3. 孩子会自己逐渐找出解决问题的方法。

下面差不多是一个参加我们学习班的少妇的原话：

我妹妹莲娜14岁。她有时会来我家做客。有一次她照例来我家，在这之前妈妈打电话来说，莲娜跟一些坏孩子搅在一起。这伙男女孩子在一起抽烟，喝酒，互相骗钱。妈妈很担心，让我想想办法。

我跟莲娜聊天谈起她的朋友时，感到她的情绪变坏了。

——莲娜，我看出，你谈起你的朋友时不太愉快。

——是，是不太愉快。

——但你是有真正的朋友的。

——当然有——加尔卡。其他人……我说不清楚。

——你觉得其他人可能让你上当。

——也许吧。

第5课 如何倾听孩子

——你不知道该怎样对待他们。

——是啊……

——而他们对你很好。

莲娜的反应很强烈。

——不，不是，不能这么说。如果他们对我好，他们就不会强迫我找邻居借钱买酒，然后找妈妈要钱还给人家。

——哦……你认为正经人是不会这么做的。

——当然，不会这么做。加尔卡就不和他们交朋友，学习很好。而我连功课都没时间做。

——你学习退步了。

——老师都给家里打电话跟妈妈告状了。

——妈妈肯定很难受，所以你也不好受。

——我很爱妈妈，不想让她难受，可是我拿自己没办法。我的性格变得挺可怕的，动不动就出言不逊。

——你知道出言不逊不好，可是你自己内心有什么东西鼓动你这么说话，攻击别人……

——我谁都不想攻击，相反，我总觉得别人想攻击我，总想教训我……

——你觉得别人想攻击你，教训你……

——就是。后来我明白了，他们是为我好，也有点道理。

——你明白他们有理，可是不想表现出来。

——对，不然他们会觉得我总是言听计从。

——那伙孩子也不想听父母的话……

——他们甚至骗他们的父母。

——甚至骗父母。既然骗父母，那么骗朋友又算什么……

——就是，就是！现在我明白了。在钱的事情上他们骗了我：他们根本没打算还。总之，我对他们已经厌烦了，我要当面跟他们说清楚，他们是什么样的人。

莲娜回家去了。过了几天妈妈打电话说：

"奥丽雅，莲娜跟我道歉了。她说她全明白了。她好像变了一个人，又温顺又和气，也不和那伙人在一起了，经常呆在家里做功课。最重要的是她自己对此感到满意。谢谢你！"

另外两个可喜变化

我们前面讲过，如果能做到在谈话过程中积极倾听孩子，会出现三个积极成果（可能是其中之一，也可能三个成果同时出现）。

然而，父母还普遍会慢慢发现另外两个可喜的变化。

第一，孩子们也很快开始积极地倾听父母，家长谈到这一点就跟谈论奇迹一样。

娜佳（4岁）的妈妈讲道：

前两天我们坐下吃饭，我把盛好食物的盘子放在娜佳面前，但她转过脸去不肯吃。我垂下眼睛正在考虑应该怎么说。但这时听到女儿的声音：

娜佳：妈咪，你马上就要哭了……

妈妈：是啊，娜佳。你不想吃饭我很伤心。

娜佳：我知道，你难受了。你做了饭，可是我不吃你做的饭。

妈妈：是啊，我特别希望你喜欢吃。我很努力。

娜佳：好了，妈咪，我全吃光。

结果她真的吃光了！

第二，这个变化发生在父母身上。在开始学习积极倾听的时候，他们经常互相谈起不愉快的感觉。"您说，"他们对心理学家说，"积极倾听有助于理解和感受孩子的问题，可以和他们推心置腹地交谈。同时您教我们积极倾听的方法，教我们遣词造句，遵守规则。这算什么'推心置腹'的交谈？这成了不折不扣的技巧，而且不舒服，做作。找不到词，话说得很别扭，不自然。而且也不真诚：我们希望孩子说真心话，而我们自己却对他'花言巧语'。"

在开始的两三次上课时经常可以听到这样或类似的反对意见。但渐渐地父母的感受开始变化。这通常发生在尝试用不同的方式与孩子谈话获得成功之后。成功的经验使父母受到鼓舞，他们对"技巧"的看法开始转变，同时他们自己身上出现了一些新的变化。他们发现自己对孩子的需要和痛苦更敏感了，更容易接受他们的"负面"感受。家长说，他们慢慢地发现自己更有耐心了，对孩子发火的时候减少了，更容易看到他在难过和为什么难过。原来，积极倾听的"技巧"也是一种改造父母的方法。我们想把它"用"在孩子身上，而它也改变了我们自己。这是它的一个神奇的潜在特性。

我经常在课上打一个比方，它可以帮助父母克服对于"不自然"、"方法"、"技巧"的担心。

我们知道，开始学芭蕾的人要连续好几个小时地做一些以我们通常的观点看来相当不自然的练习。例如，他们要学会双脚呈各种角度，包括180度站立。

跳芭蕾的人应该在双脚处于这种"别扭的"姿势时自如地保持平衡，屈膝，注意双臂的舒展……这一切都是为了他们以后可以不考虑任何技巧而轻盈自如地跳舞。

沟通的技巧也是如此。开始它们很难，有时显得不同寻常，但当您掌握了以后，"技巧"已经看不到痕迹，已经变成沟通的"艺术"。

家庭作业

作业1

您要填一张关于"孩子的感受"的表格。左边一栏列出的是情景或孩子的话，您要在右边填上，您认为他在这种情况下会有什么感受。先不用考虑您的答案。

第5课　如何倾听孩子

情景或孩子的话	孩子的感觉	您的回答
1.（示例）"今天我从学校出来的时候，一个坏孩子把我的书包弄到地上了，里面的东西都撒出来了。"	伤心，委屈	你特别难受，很委屈。
2.（给孩子打针时他哭着说）"大夫坏！"		
3.（大儿子对妈妈说）"你总是护着她，总说'她小，她小'，你从来不管我。"		
4."今天上数学课我什么都没听懂，我跟老师说了，同学们都笑了。"		
5.（孩子把茶杯弄掉了，茶杯打碎了）"哎呀！！！我的茶—杯！"		
6.（孩子闯进门）"妈，你知道吗，今天考试我是第一个做完交卷的！"		
7."真倒霉，我忘了开电视了，有电影的续集！"		

作业 2

　　这其实是作业1的延续。在第三栏填上您对孩子的回答。在这句话中要指出（根据您的推测）他的感受（参考示例）。

　　注：作业1和作业2的正确答案在本课最后。

作业 3

　　开始在您和孩子的日常沟通中使用这个方法：要注意他感受到不同情绪的时刻（委屈、难过、害怕、不想做、疲倦、生气、高兴、不耐烦、入迷……），并在与他的沟通中说出这种情绪。

不要忘记您的话应该是陈述句（而不是疑问句），以及每句话之后要做停顿。

家长提问，解答

问题：是否总是要积极地倾听孩子？比方说，昨天儿子回家时裤子撕破了。他满不在乎，而我又急又气：现在到哪儿去找一条新裤子呢！难道这种情况下也要积极地倾听吗？

回答：不，不需要。孩子"满不在乎"，而您很难受，这种情况正好与我们到目前所讲的情况相反。在这种情况下该怎么办，我们隔一课再讲。

另外一种不需要积极倾听的情况是这一类的问题："妈，几点了？"如果您回答说："你想知道几点了……"就太荒唐了。

问题：在倾听孩子的时候，是否一定要用扩展的句子回应？

回答：完全不是。一位母亲写道："我女儿放学回家以后不停嘴地说在学校发生的事。我只有不断点头附和的份儿。"

这位母亲做得很自然，也完全正确。当孩子脑子里有很多新鲜事，"不停嘴地说"时，他所需要的只是您的在场和关注。心理学家把这种方法称为"消极倾听"——当然，消极只是表面的。在这种情况下可以用只言片语，感叹词或用面部表情表示您在倾听并对孩子的感受作出回应：如"是啊，是啊……""哦！""真的吗？""你再说说……""真有意思！""你真那么说的！""瞧瞧……""后来呢？""太好了！""这样啊！"等等。

在孩子（别人）讲述负面感受的时候你也可以插入只言片语。在歌剧《雪姑娘》中有一段二重唱：一个姑娘来找贝林杰老国王诉说她的心上人变心了，爱上了雪姑娘。姑娘忧郁的话语连绵不绝，而智慧的老人只是温和地说："说吧，说吧……""说说，丫头……""说说，亲爱的……""你说，我听着呢"。这真

第5课 如何倾听孩子

是深深植根于民间文化的倾听艺术的迷人范例！如今我们大家都怀念的善解人意的老奶奶，她们不就是这样倾听吗？

问题：如果没有时间，该怎么听孩子讲呢？如何打断他们？

回答：如果没时间，最好不要开始谈话。您需要有一些备用的时间。如果开始倾听而后又打断他，孩子只会感到绝望。最糟糕的情况是，开头很好的谈话被父母生硬地打断，例如：

——瓦夏，该回家了。

——爸爸，求求你，再玩一会儿。

——你想再玩一会儿……（积极倾听）

——对，很好玩！

——再玩多长时间？

——就半个小时。

——不行，太长了。现在就回家！

如果这种情况反复多次，孩子就会不再信任父亲，他还会认为父母之所以尝试积极倾听是为了获取他的信任，以便给他更大的打击。如果您此前与孩子之间没有很好的沟通，而只是在做最初的尝试，那么这种错误是特别危险的。

问题：如果积极倾听没有用怎么办？比如，前几天我对女儿说："该写作业了。"她回答说："不，还有时间，现在我不想做。"我说："你现在不想做……"她说："对，不想做。"——就真的没有做！

回答：这个问题有助于解释一个家长常有的错误想法：似乎积极倾听就是为了让孩子做您希望他做的事。

完全不是。积极倾听是与孩子建立有效沟通的途径，这种方法表示您无条件地接纳他，无论他出了什么问题，遇到了什么麻烦，感受什么样的痛苦。孩子需要一段时间来判定您对他的问题是否真的关心，等他一切确信不疑后，你们之间才能建立起良好的沟通。相反，如果他怀疑您"为了私利"而想方设法感化他，他对您的尝试只会更加反感。

第5课 作业1和作业2的答案

父母可以回答:

1. 你很伤心,很委屈。

2. 你很疼,你生大夫的气了。

3. 你想让我也护着你。

4. 你很不自在,很别扭。

5. 你吓着了,很心疼茶杯。

6. 太好了!我看你很高兴。

7. 真可惜!

第6课
为什么无法倾听孩子

家长下意识的反应

☺

12 种反应类型

☺

学会倾听的技巧，一劳永逸

☺

家庭作业

☺

家长提问，解答

家长下意识的反应

一些父母经常抱怨说学会积极倾听真是太难了,因为他们脑子里冒出来的第一回答总是那些习惯的表达方式——五花八门,可就是没有必须的那一种。

在一次课上,我请一组家长把他们对女儿的抱怨所作的回答写下来。

女儿说:"丹尼娅不想再和我做朋友了。今天她和另一个女孩儿一块玩儿,又说又笑,她们连看都不看我一眼。"

父母的回答如下:

"你试试先去找她们,说不定她们会带你玩儿的。"

"可能你自己也有错。"

"当然,这很让人难过。但是,说不定丹尼娅觉得和那个女孩儿在一起更有意思。你不必非得跟她要好,去另找个朋友吧。"

"你让丹尼娅和你一起玩你的新娃娃。"

"我不知道该怎么办。送她们点什么东西吧。"

"生活中常有这种事,尽量别太难过。"

"你没跟她吵架吗?"

"别难过了,咱们一块儿玩会儿吧。"

12 种反应类型

当家长们得知没有一个恰当的回答时,他们都很吃惊。近20年来,心理学家们总结出了父母习以为常的表达方式,总共有12种之多!这是积极倾听孩子的真正障碍。我们来了解一下家长的这些本能反应,以及孩子在其中听到了些什么。

1. **吩咐,命令**:"马上停止!""收起来!""把桶拿出去!"

"赶快上床!""我再听到你这样说可不行!""住嘴!"

孩子在这些毫无商量余地的语句中听到的是,父母不愿意深入探究他的问题,他感到父母不尊重他的独立。

这样的语言会使孩子觉得自己没有任何地位,甚至有种家长"见死不救"的感觉。

妈妈:沃瓦,快点穿衣服(命令),要迟到了。

沃瓦:我不会,帮帮我。

妈妈:想也不要想(指令),你自己已经穿过多少次了。

沃瓦:这件衣服很难看,我不想穿。

妈妈:又耍花招!好吧,换一件,赶紧穿上!(又是命令)

沃瓦:我扣不上扣子。

妈妈:扣不上就不要扣,所有的孩子都会看到你是个邋遢鬼。

沃瓦(带着哭音儿):你是坏妈妈……

其实这个对话完全可以是另一种样子:

妈妈:沃瓦,快点穿衣服,要迟到了。

沃瓦:我不会,帮帮我。

妈妈（稍停）：你自己不会穿。

沃瓦：这件衣服难看，我不想穿。

妈妈：你不喜欢这件衣服。

沃瓦：对。小朋友昨天笑我了，他们说这是女孩子的衣服。

妈妈：你觉得特别不高兴。我明白。我们穿这一件吧！

沃瓦（松了口气）：好！（很快地穿好）

我们会发现，在这段谈话中妈妈对孩子的话最初的回答（"你自己不会穿"，"你不喜欢这件衣服"）让她做到真的认真倾听孩子，听到他的回答，而不仅是听到自己的指令。结果儿子很乐意把自己的真正问题告诉妈妈，而母亲也准备好倾听。如果用第一种方式谈话，那么父母就不可避免地会说下面这种类型的话：

2. **警告、威胁**："你再哭我就走！""你当心会更糟的！""你要敢再来一次，我就抽你！""要是你不按时回家，小心点！"

如果孩子现在正感受到不快，威胁是没有用的，这只会让他更加绝望。

因此，在第一个谈话中，妈妈最后不得不说出这样的威胁："扣不上就不要扣，所有的孩子都会看到你是个邋遢鬼"，结果孩子被惹哭了，对妈妈发起了攻击。

您是不是常遭遇这样的情况？有时候您最后是不是只好态度更加强硬，进行进一步的威胁恫吓？

威胁和警告还有另外的坏处，如果经常反复使用这些手段，孩子就会习以为常，这些办法就会对他们失效。于是有的父母就会从口头转向行动，很快从轻微的惩罚转为比较重的，有时是十分严厉的惩罚：把任性的孩子"丢"在街上，把门锁上，大人的手伸向皮带。

3. 说教："你必须如何如何"，"每个人都要劳动"，"你应该尊敬大人"。

通常孩子不能从这样的说教中得到任何新的东西。因为这些话他们已经听了"一百遍"了，所以不会发生任何变化。他们感受到外部权威的压迫，有时还会有负疚感，有时会感到郁闷，而最常见的是所有这些感受同时出现。

其实，孩子的道德观念和行为规范主要不是用语言培养出来的，而是在家庭环境中熏陶出来的，是通过模仿成人、首先是父母的行为养成的。如果家庭中每个人都很勤奋，避免恶语相向，

不撒谎,分担家务,那么请相信,孩子就会知道怎么做是对的。

如果他破坏"行为规范",那么应该看看,家里是不是有人采用相同或相像的做法。如果不是由于这个原因,那么最有可能是由于另一个原因:您的孩子是由于他内心的不安,情绪不佳而"破坏了规矩"。在这两种情况下用言辞教导都是苍白无力的。

我想讲一件真实的事情。

9岁的安妮娅和13岁的瓦夏是一对兄妹,他们的父母要出差两个星期,这段时间他们的姨妈带着11岁的女儿莲娜来和他们一起住。这三个处于"叛逆"和"很叛逆"年龄阶段的孩子在一起形成了一个"火药库"。瓦夏和安妮娅想念出门的父母,而表姐妹莲娜和自己妈妈的到来一点也没有让他们感到舒服些,相反,孩子们感到嫉妒("她有妈妈,我们没有"),这种感受表现为想刺激她,甚至欺负她。虽然三个人经常在一起玩,但不时发生争执和争吵,亲兄妹会联手对付莲娜,经常把她弄哭了。姨妈尽量做到"公平",不偏袒任何一方。可是这并不能抚慰她的外甥和外甥女(到底妈妈不在),而她的女儿则觉得妈妈总是护着"他

们",而不是她。这个小地狱的危机很快达到了顶点:孩子们为了看哪个电视节目争执起来。瓦夏用力直接操在表妹的脸上,表妹摔倒了,大哭起来。她的母亲从隔壁跑进来,看到了这样的场面:瓦夏和他妹妹害怕但警惕地看着莲娜,"准备战斗",莲娜则倒在地上大哭。

姨妈:怎么回事?

莲娜:他打了我的脸……啊……啊……啊……

姨妈(把愤怒的目光转向瓦夏):!!!

安妮娅:她开了电视,而他换了台,她又换过来,他就推了她……这样……(做出动作)

姨妈(愤怒地对瓦夏说):直接操在脸上!

瓦夏：对。

姨妈：你知道不知道，任何情况下都不可以碰人的脸？！

瓦夏：知道！

姨妈：你知道不知道，打一个人的脸，这是对他的最大侮辱？

瓦夏：知道。

姨妈：知道，知道还做！你是成心的。

瓦夏（挑衅地）：对，成心的。（跑了）

15分钟后又传来了莲娜的号啕大哭："他不让我进屋，把我的娃——娃……"姨妈来到房间，瓦夏已经不见了。娃娃的衣服被脱下来扔得到处都是，而莲娜最喜欢的娃娃不见了。莲娜边哭边找娃娃："我的娃娃呢？还给我娃娃！"可是瓦夏说："我不知道，我没动。"

姨妈等着他们父母回来向他们报告瓦夏的"恶行"。她觉得瓦夏毫无疑问应该被"收拾"，并当着所有人的面把事情说清楚。

但妈妈觉得最好和瓦夏单独谈谈。谈话进行了一个多小时。瓦夏老老实实地讲出了事情的原委（娃娃很快在莲娜的床底下"找到了"），同时承认他觉得自己很倒霉，被排斥，大家都跟他"来劲"（原来这段时间在学校也发生了不愉快）。过了两天他出人意料地来找姨妈，请她不要把他当成坏人、恶棍，他只是最近"有点烦"。姨妈和莲娜在他家又住了一个星期，这段时间孩子们之间的关系也缓和了许多。

这件事凸显出很多问题：涉及做人的原则，行为的底线，惩罚等等。但我们现在暂时不讨论这些（我们在第9课再回过头来谈这些问题），以免偏离我们的主题——关于训诫和说教的效果。虽然姨妈批评孩子不该碰别人的脸是公正的，但批评并没有产生预期的效果，没能"纠正"他和"教育"他，只是促成了接下来的报复行为。

相反，母亲聪明的谈话方式使她可以倾听儿子，并神奇地使他的态度缓和下来。

这是不是说，不应该跟孩子谈道德标准和行为规范呢？完全不是。但只有在他们平静的时候，而不是在他们情绪波动的时候，才适合谈论这些。在后面这种情况下我们的话只能火上浇油。

4. 出主意，提出现成的解决方法："你直截了当地跟他说……""你为什么不试试……""我看应该去道歉"，"如果我是你我会反击。"

通常我们很喜欢提出诸如此类的建议，不仅如此，我们还觉得给孩子提这些建议是我们的责任。我们经常现身说法。

"我像你这么大的时候……"但是孩子们并不喜欢听我们的建议。有时候他们会公开叫板："你那么想，我不那么想。""你说得容易！""不用你说我也知道！"

孩子这种逆反心理的背后是什么？是独立自主的愿望。其实就是我们成年人也并不总是愿意听别人的建议。而孩子要比我们敏感得多。我们每次给孩子出主意的时候，就好像告诉他，他还小，没有经验，我们比他聪明，什么事都未卜先知。

父母的这种观点——"居高临下"的观点——让孩子很恼火，更重要的是，这使他们不愿意更多地谈自己的问题。

在下面的对话中父亲就犯了这样的错误。

星期六的傍晚儿子在家里转来转去，显然情绪低落。

父亲：你怎么闷闷不乐的？

儿子：不知道。什么都不想干。

父亲：出去玩玩吧，天气多好。

儿子：不想转。

父亲：那就给米沙打个电话，去跟他下棋。

儿子：我对下棋厌烦了。再说米沙今天有事。

父亲：实在不行你就看看书也好！

儿子：得了，爸，你真烦。你不知道我的事（走到另一个房间，关上门）。

当父亲想起积极倾听的方法以后，谈话就是另一个样子了。过了一会儿他走进儿子的房间，坐在他身边。

父亲（把手搭在孩子肩膀上）：情绪还是不好。

儿子：对，不好。

父亲（沉默片刻）：什么都不想做。

儿子：嗯。还有这个报告。

父亲：老师留了作业，让写报告。

儿子：是啊，星期一交，是关于古希腊神话的，可是没有书，我拿什么写呢？

父亲：你在想从哪儿可以找到材料。

儿子：没错，没地儿找……（停顿）不错，有个办法。科里亚家里有百科全书。

父亲：说不定上面有这方面的内容。

儿子（已经比较和气了）：我这就给他打电话。

接着他打电话借书，还说："过一会儿我们一起出去玩儿。"

孩子们经常自己找到我们此前想建议他们采取的办法。但他们需要自己作出决定——这是他们走向独立的必经之路。给孩子这样的机会是很重要的，虽然这要比直接出主意困难。

5. 论证、逻辑推理、训诫、"教训"："该知道饭前要洗手了"，"你总是走神儿，所以会出错"，"跟你说过多少次了，就是不听——只能怨你自己"。

孩子们对此的回答也是"得了吧"，"真烦人"，"别说了"等等。至少是不再听我们的，出现心理学所说的"思维障碍"或"充耳不闻"的现象。

爸爸和5岁的薇拉走在街上，正是春天，雪化了，人行道上有很多水洼，薇拉对水洼和积雪产生了很大兴趣。

爸爸："薇拉，如果你踩水，你就会把脚弄湿。如果你把脚弄湿，你的身体就会着凉。如果你的身体着凉，你就很容易得传染病。你该知道，春天城市里到处都是细菌。"

薇拉（继续踩下一个水洼）："爸，刚走过去的那个伯伯鼻子为什么那么红？"

6. 批评、训斥、谴责："太不像话了！""你又全都没有做好！""全都因为你！""我白对你抱希望了！""总是你！"

这些话没有任何教育作用，对此您大概没有任何异议。它们或是引起孩子的顽强自卫、反击、否认、发怒，或是使孩子沮丧、消沉，对自己及与父母的关系感到绝望。在这种情况下孩子会形成很低的自我评价，慢慢地会觉得自己可能真的不好，意志薄弱，没有希望，是一个失败者。而自我评价低会引起一系列新的问题。

某些家长真是太相信批评的教育作用，否则就无法解释为何一些家长与孩子主要的沟通形式就是提意见加下命令。

我们来听听孩子一天中会听到的东西："起床！""你还要耗到什么时候？""看看你的衬衣是怎么塞到裤腰里的？""晚上又没收拾书包？""别摔门，小宝宝睡觉呢！""为什么又没有遛狗（喂猫）？自己养的动物就得自己管！""屋子里又乱得一塌糊涂！""你肯定没做功课！""跟你说多少次了，吃完饭要把自己的餐具洗了！""我都懒得提醒你去买面包了！""没有做完……就不许出去玩儿！""你煲电话粥要煲到什么时候？""你到底能不能按时睡觉啊！？"……

请乘以孩子听这些话的天数、星期、年，天长日久，就会汇成一大堆负面的自我评价，而且还是来自最亲的亲人的。为了多少平衡这个重压，他必须向自己和家长证明，他是有些价值的。而首先想到的最容易的方法（其实这是家长说话的风格暗示的）

就是直接针对父母的要求予以反驳。

如果家庭中形成了这样的局面，该如何挽救呢？

首先，也是最主要的一个办法是尽量少关注孩子行为中负面的东西，而多关注正面的东西。不要担心对他的表扬会把他惯坏。这种看法对你们的关系最有害。先在孩子一天的行为中找到几个可以表扬他的理由，对他说：

"谢谢你去幼儿园接妹妹（弟弟）了"，"你按时回家很好"，"我喜欢和你一起做饭"。

有时父母会以为，孩子本来就知道他们爱他，因此不一定向他表示正面的感情。这是完全不对的。

下面是一个11岁女孩儿伤心的自白："我妈妈不爱我，我知道就是这样。我已经试过很多次了。比如说，前几天奥列格（哥哥）送花给她，她对他笑了。昨天我也给她买了花儿带回家，很仔细地观察她的表情：她没有微笑。所以现在我确确实实地知道：她爱奥列格，不爱我。"

我们是否想到，孩子是这样直接地解读我们的一言一行，一颦一笑？我们是否总能顾及到：孩子对世界的感知是黑白分明的，要么是绝对的肯定，要么是绝对的否定？

还有一个问题：如果我们自己不断地受到最亲的人的批评，会好受吗？我们是否也会期待他们说些好听的话，是否会渴望听到这样的话呢？

7. **夸奖**：说了上面许多，现在我要建议家长不要夸奖孩子，大家听了可能觉得非常奇怪。要理解这种似乎自相矛盾的说法，必须明白夸奖与表扬或夸奖与鼓励之间细微然而却很重要的区别。在夸奖中总是有评价的成分："好样的，你简直是天才！""你是我们最漂亮（最能干、最聪明）的女孩儿！""你那么勇敢，对你来说什么都不在话下。"

BOX 6-1

我总是被夸奖

在登载我们教程的《教师报》上刊登了一封家长来信,以下是其中的节选:

我读过很多育儿方面的文章和书籍。其中有一些建议要夸奖孩子,但我对此感到为难。

因为我自己就是这样过来的,我小时候被夸奖是家常便饭。

人会很快习惯于被夸奖,当我长大一些,家长不再因为我取得好成绩或帮助做家务而夸奖我的时候,我就感到生气和伤心。在中学和大学我已经完全离不开夸奖了——在得到肯定之前,我简直什么都不想做。如果最终还是没有得到,我就拂袖而去:既然你们这样,我就什么也不为你们做。但我觉得我最大的问题就是现在我已经27岁了,当我给自己提出任何任务,做任何工作的时候,我期待的仍然不是结果,而是夸奖。现在我才(终于!)在《教师报》上看到了应该怎样对孩子说:"我很高兴你这么做。"(而不是"你真是好样的!")你们为什么那么晚才把具体的示范展示给家长呢?大家一般都推说各个家庭不同,关系不同,这样不可以,那样也不可以。但到底该怎么做呢?

请多给我们一些具体的范例,我们不是傻瓜,我们会根据家庭、关系等等找到适当的回答。但需要有范例,哪怕只有一个,也比没有强。谢谢你们,如果没有你们的提醒,我差点要对女儿夸奖、夸奖、再夸奖(虽然我因为自己的经历而对此做法心存怀疑),说:"我女儿真是好样的……""你真了不起……"等等。

此致敬礼,E. B. 彼尔姆市

这种带有评价的夸奖有什么不好呢？

首先，如果家长经常夸奖孩子，孩子很快就会明白，有夸奖就有指责，在某些情况下得到夸奖，就会在另一些情况下遭到指责。

其次，孩子可能会对夸奖形成依赖：等待夸奖，寻求夸奖（"为什么妈妈今天没有夸奖我？"）（请看 box 6-1）。

最后他会怀疑您不是真心诚意的，也就是说您夸奖他是出于某种目的。

儿子：这些字母我写不好！

妈妈：哪里，你写得好极了！

儿子：不对，你是怕我不高兴，故意那么说的。

那么当孩子取得成绩或做得对的时候该怎么说呢？

最好只是向他表达您的感受。不要用"你"，而要用"我"。

女儿：今天我俄语一下子得了两个五分！

妈妈：我很高兴！（而不是"女儿你真是好样的！"）

儿子：我的演讲做得不好，是不是？

爸爸：我觉得不是。相反，我很喜欢（什么、什么）。（不要说"哪里！你和每次一样，讲得棒极了"！）

8. 起外号、嘲笑：（"小泪包儿！" "别像个窝囊废似的！" "简直是傻瓜！" "你真是个懒虫！"）这些说法极易让孩子失去自信。在这种情况下孩子通常会生气或自卫："你自己呢？" "窝囊废怎么了？" "我就这样！"

下面就是一个实例：

13 岁的玛莎受到邀请和妈妈一起去参加一场婚礼。女孩子很兴奋，把所有的"漂亮衣服"都试了一遍，尽管她的衣服并不多。最后她卷了头发，穿着长裙和高跟鞋（这两样都是找姐姐"借"的），出现在妈妈和外婆面前。

妈妈：上帝啊！看她打扮的！简直是头号美人儿。当心别把你当成新娘子了。

外婆：为什么穿高跟鞋？你穿着高跟鞋好像踩高跷的长颈鹿！（女孩的脸色阴沉下来，情绪被破坏了。）

玛莎：你们自己去吧，我哪儿也不去。

9．猜测、解释："我知道，这都是因为你……""莫非你又打架了？""我反正看出来了，你在骗我……"

一位妈妈喜欢对儿子重复这句话："我能把你看透，甚至看见你脚下两米的地方！"这句话每次都会惹怒这个少年。

确实，哪个孩子（以及大人）喜欢别人"查出他的老底儿"呢？这只能引起孩子的自卫反应，想赶快结束沟通。

15岁的别佳回家后找到妈妈。

别佳：没人给我打电话吗？

妈妈：没人。我猜你在等莲娜的电话。

别佳：你什么都要知道吗？

妈妈：要。比如，我知道你为什么连着两天情绪不好：因为你和莲娜吵架了。

别佳：妈妈，得了！关你什么事！

下面一种错误与此很接近。

10. 刨根问底："不对，你得告诉我。""到底发生什么事了？我反正能搞清楚。""你为什么又得了2分？""你为什么不说话？"

在谈话中我们总是忍不住要盘问。但最好还是把疑问句换成肯定句。在上一课中我们已经讲过这个问题了。

下面是一个简短的对话，我把它原原本本地写出来，母亲在对话中正是犯了这样的错误：

女儿（气急败坏地）：你瞧我的成绩！

妈妈：数学4分。你为什么生气？

女儿：我就是生气，不知道为什么。你就会问"为什么"，"为什么"。（走开不再交谈，封闭起来）

下面是比较成功的谈话方式（这是实际发生过的对话）：

女儿（气急败坏地）：你瞧我的成绩！

妈妈：数学4分。我觉得你在生气。

女儿：对，我生气，我不知道为什么。

妈妈：你心里不高兴。

女儿：对，不高兴……我不想让你走。

妈妈：你想让我留在家里。

女儿：对了（恳求的语气）。妈，今天你别去上课了！

很奇怪，为什么大人的回答中一个似乎完全无关紧要的变化（不是"你为什么生气？"而是"我觉得你在生气"）能够改变谈话的局面呢？

有时我们会觉得疑问句和肯定句之间的差别小得不易察觉，但是对于心情不好的孩子来说，区别却很大。疑问句听起来像冷漠和好奇，肯定句则像理解和同情。

11. 用言语表达同情、规劝、劝导：当然，孩子需要同情。不过像"我理解你"，"我同情你"这样的话有可能显得太程式化了。也许更好的做法是把孩子拉到身边沉默片刻。而在"别难过"，"别介意"，"好事多磨"这一类的话中他可能会感到对他心事的漫不经心、否定甚至轻视他的痛苦。

女儿（伤心地）：你知道吗，今天我在学校的楼道里跑的时候，谢廖沙·彼得罗夫给我下绊儿，我摔倒了。

父亲：没事儿，小事一桩。你又没有摔坏。

女儿：什么小事，所有男孩子都笑了。

爸爸：算了，别在意！

女儿：你说得轻松，我气坏了。

12. 开玩笑，转移话题：

儿子：你知道吗，爸爸，我真受不了这个化学，一点都不懂。

爸爸：我们的共同之处真多！

爸爸倒是展现了幽默感，但是问题没有解决。而像"得了"、"没时间管你"、"你总是抱怨"这些话就更不合适了。

学会倾听的技巧，一劳永逸

在了解了一长串不恰当的表达方式之后，家长通常会叫道："这也不可以，那也不可以——怎样才可以呢？"

插图6.1　家庭作业2

第6课　为什么无法倾听孩子

这时候就必须积极倾听他们了：

"您感到为难，不知怎么办。"

"当然！闹了半天，直到现在做得都不对。还有，作出正确的回答很难，习惯的建议和批评总是不由自主地冒出来。"

"也就是说，您很难选出必需的句子。"

"是啊，我们很不习惯。难道不能照老办法吗？"

"您想照老样子……"

"对……实际上，不。我看到这不会有任何好结果。"

在这种情况下，我的老师列奥恩奇耶夫教授喜欢打一个比方，又是关于自行车的。

假设人们从没见过自行车，可是法院要他们必须在两种构造中任选一个——三轮车或两轮车，他们更愿意选哪种呢？当然是三个轮的。为什么呢？因为他们骑上三轮自行车马上就可以轻松而"自然"地走起来。两轮自行车的好处还一时看不到……直到他们花了时间和努力学会骑之后才会明白这种"不方便的"自行车的优越性。

需要指出，我们习惯的对孩子的教训、责备其实也不是"自然"的，同样也是学来的。但它们就像老式汽车，功能比较差。

全世界的心理学家花了很大力气来完善这个构造，帮助家长学会"骑更好的车"。我们想要掌握的与孩子沟通的新技巧，是基于一些人本主义原则：尊重孩子的人格，承认他有权利拥有自己的愿望和感受，有权利犯错误，关心孩子，放弃家长"高高在上"的立场。

学会听出自己的错误很重要。为了练习我们的听力，让我们来分析下面这个妈妈造成的"典型的家庭冲突"。我们来看一看，父母的某些回答是否有问题。如果是，那么是属于哪一类的错误？

Box 6-2

换种方式倾听

我们知道，孩子喜欢幻想。他们听故事或玩耍的时候，完全沉浸在想象的世界里，他们全情投入地活在想象的世界中，投入的程度一点不亚于真实世界。我们可以和孩子一起梦想和幻想，一起加入孩子的这个世界。用这种方法我们可以帮助他克服某些情绪方面的问题。

以下是两个例子。妈妈照顾谢廖沙上床睡觉，孩子不听话。

谢廖沙：我不，我不想睡。（停顿）爸爸什么时候回来？我等他都等累了。（爸爸在外出差，不能很快回家）

妈妈：你很想爸爸。

谢廖沙：对，很想。想得不行了……

妈妈：我也想他了。我们假装爸爸回来了。会怎么样？

谢廖沙（高兴起来）：他从车站给我们打电话说："我已经到了，马上就回家！"

妈妈：对，我们特别高兴，开始收拾房间……

谢廖沙：不，房间已经收拾好了，你已经烤好了馅饼……

妈妈：对，当然了。我们开始准备开饭，把馅饼、盘子和茶杯摆到桌子上。

谢廖沙：我从"车库"里把我的新汽车拿出来，还有画坦克的图画本。

妈妈：现在我们听见有人到门口了，按了门铃……

谢廖沙：我跑去开门——爸爸！！！他笑了，把我抱起来……

谈话又这样持续了几分钟，孩子脸上带着微笑睡着了。

另一个例子的话题也是老生常谈，但解决的办法却别出心裁：

莲娜：爸，我想买巧—克—力！

爸爸：我觉得昨天妈妈好像已经给你买了。

莲娜：就一块，一小块。

爸爸：你想要好多。

莲娜：对，好多—好多。

爸爸：10块，最好50块。

莲娜（响应这个游戏）：不，100块，1000块！！！

爸爸：我们买1000块巧克力，把巴甫利克的婴儿车装得满满的推回家。

莲娜（边笑边说）：大家都很吃惊："你们从哪儿弄来这么多巧克力？"来了好多孩子，我们请大家吃巧克力。

当父母和孩子一起幻想的时候，孩子会知道大人听到了他们的感受，并和他有同感。

女儿（4岁）：妈妈，快点吃饭！

妈妈：坐下，我已经在盛饭了。

女儿（坐在桌旁，做鬼脸）：嗯，这个汤不好吃。我不——吃。

妈妈：那么你放下，走开（指令）。

女儿：我想吃饭！

爸爸参与进来。

爸爸：那你就坐下吃，别耍性子！（指令）

女儿（快哭了）：我不喜欢吃胡萝卜。

妈妈：我给你挑出来。

女儿：我反正……

妈妈（发火了）：我做饭可不是为了让你挑三拣四！（训斥，批评）

女儿开始掉眼泪了……

爸爸：坐下好好吃。拿起勺子。放进嘴里！嚼，嚼，别含在嘴里！（指令，命令）

女儿：我觉得不好吃！！！

妈妈：离开桌子，你就饿着吧！（命令，威胁）

爸爸：我马上就要……（威胁）

女儿哭着拿起勺子，磨磨蹭蹭地吃起来，一分钟后没事了，五分钟后把汤喝完了。但大家的情绪都被破坏了。

在这一课即将结束的时候我想提出另一场真实的对话，它表

第6课 为什么无法倾听孩子

现出父母已经完全掌握了积极倾听的方法。这也是一个妈妈做的记录。

我们和女儿一起看幼儿园的全班合影。女儿指着老师（看得出，她的脸被划过）：

女儿：我讨厌她。

我：你看见她很不高兴。

女儿：对，她很坏。

我：她说你了。

女儿：对，她骂我是长脚狗，还说，要是我告状，她就……

我：她就要把你怎么样……

女儿：对。她没说要把我怎么样。

我：以前你不想说这件事。

女儿：对，我害怕（要哭）。

我把她抱起来。

在这段对话中，妈妈从第一句话就避免了可能犯的常见错误——"说教"，提意见。她完全可以说："你怎么能这样说老师！你为什么划照片？"她没有这么做，而是把孩子的感受说出来，表现出准备接受和理解它。这有助于孩子摆脱埋在内心深处的恐惧和委屈。流出的眼泪使她如释重负。

家庭作业

作业1

试着判断家长的回答犯了哪种错误（答案在本课结尾）：

女儿：我再也不去看牙了！

母亲：没门儿。我们预约的是明天，得把你的牙治好。（1）

女儿：我再也受不了了。你知道多疼啊！

母亲：你没疼死啊。生活中经常需要忍耐。如果你不治，牙会掉光的。(2)

女儿：你说得轻松，又没给你钻牙。你就是不爱我！

儿子：你看，我两次没参加训练，教练今天让我当替补。

母亲：行了，没事，总得有人坐在板凳上，你不坐，别人就得坐。再说这是你自己的错。(3)

儿子：让别人坐去，我不想坐。要知道这不公平：彼得罗夫不如我，教练却让他上场。

母亲：你怎么知道他比你差？(4)

儿子：我知道！我是最好的队员之一。

母亲：换了我就不那么骄傲，应该谦虚点。(5)

儿子（沮丧地）：没法跟你说，你不懂……

5岁的女孩对父亲哭着说：你看他（两岁半的弟弟）把我的娃娃弄成什么样子了！现在它的腿都松了。

爸爸：是啊。这是怎么回事？(6)

女儿：我哪知道！我的娃—娃！

爸爸：好了好了，我们来想想办法。(7)

女儿：好不了。我的娃—娃……

爸爸（高兴地）：哦，我想起来了！你就当她遇到车祸，残疾了。一个可爱的残疾娃娃（笑）。(8)

女儿（哭得更厉害了）：我不想……不许笑。下次我要打死他！

爸爸：你怎么说这种话?！下次不准这么说！(9)

女儿：你坏。我去找妈妈。妈—妈，你看……

第6课 为什么无法倾听孩子

插图6.2 家庭作业2

插图6.3　家庭作业2

作业 2

看插图 6.1、6.2、6.3，作业内容同作业 1。（答案在本课结尾）

作业 3

注意自己与孩子的对话，特别是在他遇到什么事情的时候。看看在您的语言中是不是有一些属于我们列出的那些类型的话？继续练习积极倾听。这是最重要的技巧，不掌握您就无法继续前进。

作业 4

试着一天不批评、不责备您的儿子或女儿，用赞赏他取而代之，不管有没有理由。看看孩子的反应。

家长提问，解答

问题：怎么，难道永远不能提出问题、建议之类的吗？

回答：我再次指出，我们分析的所有类型的回答都不宜使用，而应该使用积极倾听的方法。也就是说，这是在孩子有情绪问题的时候。而如果他很平静，如果您感到您已经与他建立起了情感沟通，则可以比较随便地交谈。十句"理解的话"捎带一个问题不大可能把事情搞砸。有些父母甚至认为有时破坏一下积极倾听的严格规定是有好处的，这样他们与孩子交谈的新方式就不会显得与过去的方式反差太大。但重要的是要明辨"不合适"的表达方法，不要让它们脱口而出。

问题：如果孩子固执地提出不可能满足的要求并哭闹或很伤心怎么办？要知道在这种情况下倾听是不管用的。

回答：还是要试着积极地倾听。如果您开始说的话使他感受到您的同情，那么这会有助于他的情绪得到一些缓解。然后再试着和他一起幻想不可能实现的情况（参看 box 6-2）。

作业 1 答案

（1）指令

（2）论证，威胁

（3）训诫、批评

（4）提问

（5）建议、批评

（6）盘问

（7）训诫

（8）建议、取笑

（9）教训、威胁

作业 2 答案

插图 6.1

（1）指令

（2）猜测，推测

（3）训诫

（4）威胁

插图 6.2

（5）建议

（6）嘲笑

（7）讲大道理

（8）盘问

插图 6.3

（9）说服

（10）避开谈话

（11）批评

（12）建议，夸奖

第7课
如何处理家长的感受

家长火冒三丈

☺

说出自己的感受

☺

使用第一人称表述

☺

改变条件

☺

改变预期

☺

委婉表达对孩子的担心

☺

家庭作业

☺

家长提问,解答

我想，在讲前面几课的时候，您一定不止一次地想问这样的问题："我们的感受怎么办呢？我们做家长的也会紧张或生气，也会疲倦或感到委屈。我们带孩子也会感到困难甚至受罪……谁来倾听我们呢？我们怎么处理自己的感受呢？"

这些问题很有道理，而且，当然早就应该提出了。在这一课我们就试着回答一下。

家长火冒三丈

首先我们要清楚，本课讲的是父母感到更难过的情况。前面几课我们讲的是孩子的情绪问题，而现在的情况恰恰相反。

我们用两个"杯子"来表示家长和孩子的情绪。

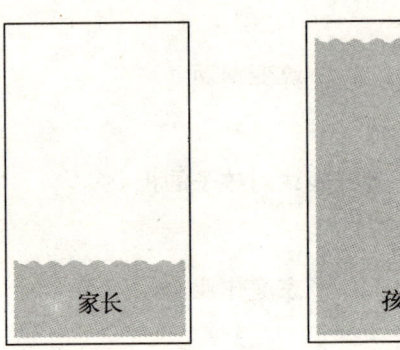

当孩子的情绪问题更多时，他的"杯子"是满的，家长相对平静，他的"杯子"里水位较低。

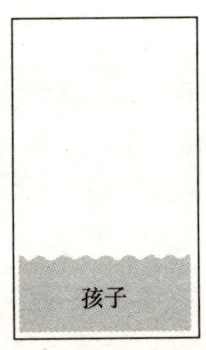

另一种情况是：父母火冒三丈，而孩子无所谓。

以下是符合第二种情况的例子：

1. 您在家门口遇到儿子：脸是花的，扣子扯掉了，扎在裤子里的衬衣也拽了出来。过路人都看着他笑，儿子的样子让您觉得不舒服，在邻居面前有点丢脸。但是孩子浑然不觉，他玩得很开心，现在看到您很高兴。

2. 孩子兴致勃勃地在地板上推着他的汽车，您急着去上班，儿子碍手碍脚，一句话，惹怒了你。

3. 十几岁的儿子又把手提录音机打开了，这让您受不了。

说出自己的感受

那么，在类似的情况下，也就是当父母情绪波动的时候，该怎么办呢？

第 5 条原则听起来似乎有点不同寻常。

> 如果孩子的行为引起了您的反感，就告诉他这一点。

这条原则是说，无论如何不应将自己的感受憋在心里，特别是强烈的负面感受。一定要说出来，不要生闷气，不要愤怒，在情绪异常激动的情况下不要假装平静。这样做是白费劲儿，骗不了任何人：既骗不了自己，也骗不了孩子，因为他很容易从你的肢体语言和面部表情读出你的真实想法。因为90%以上的内心感受是通过这些"非语言"信号传达出来的，这是很难控制的。一般来讲，人的感情过一段时间就会"失控"，通过激烈的言辞或行为宣泄出来。

如何既向孩子表达自己的感受，又不至于伤害到他和您自己呢？

使用第一人称表述

第6条原则

> 当您把自己的感受告诉孩子的时候，要用第一人称表述。要讲自己，自己的感觉，而不要说他以及他的行为。

我们回到前面的例子，试着使用第5条原则和第6条原则来设计一下父母的表达方式。

可以这样说：

1. 我不喜欢孩子邋遢的样子，我在邻居面前觉得害臊。

2. 当有人在脚下爬来爬去的时候，我很难收拾东西上班，我被绊了好几下。

3. 吵闹的音乐让我很烦躁。

请注意，所有这些句子都有第一人称"我"，因此心理学家们把这种叙述称为"第一人称表述"。

有些家长的说法可能不同：

第 7 课　如何处理家长的感受

1. 你怎么这副样子？
2. 别爬来爬去的，你碍我的事。
3. 你不能安静点吗？

这些句子中用的是"你"字，可以称为"第二人称表述"。

乍看起来第一人称表述和第二人称表述之间的区别不大，而且对于后者家长更习惯、更"顺口"。但是孩子对此的反应往往是怄气、辩护、顶嘴，因此应尽量避免使用。

因为每句第二人称表述实际上都包含针对孩子的攻击、责怪或批评。典型的对话是这样的：

——你到底什么时候才开始整理自己的房间啊？！（责怪）

——得了，爸爸，这到底是我自己的房间！

——你怎么跟我说话呢？！（谴责，威吓）

——我说什么了？

与第二人称表述相比，第一人称表述有很多优点。

1. 它使您可以用不刺伤孩子的方式表达自己的负面感受。有些父母为了避免冲突，努力压抑怒气的爆发，但这不能带来期望的结果。如上所述，人无法把自己的情绪完全克制住，孩子总能知道您是不是在生气。如果您生气，他可能也会生气、自我封闭或公然开始争吵。结果全都事与愿违：您希望和平，结果引起战争。

第 7 课　如何处理家长的感受

不久前我旁听了一个 11 岁的女孩子和妈妈的对话，当时女孩很伤心，哭着提起所有自己"受的气"：

"你别以为我不明白你对我怎么样。我全看见了！比如说吧，今天你回家的时候看见我没有做功课而是在跟人打电话聊天，你就对我特恼火，虽然你什么也没说。我看见了，看出来了，你不用不承认。我从你看我的样子，甚至你把头往旁边一扭的样子就看出来了！"

孩子的这种反应是由母亲隐而未发的不满直接引起的。当时我想：我们的孩子们是多么敏感、多么善于察言观色的"心理学家"啊，这个女孩子给她妈妈（顺便给我）上了多好的一课，她打破了不必要的沉默的寒冰，使自己的情绪得到了宣泄。

2. "第一人称表述"让孩子可以更好地了解我们家长。我们经常身披"威严"的铠甲，无论如何不想在孩子面前露出真面目。我们戴着"教育者"的面具，害怕把它摘下来，哪怕只有一会儿。有时当孩子了解到妈妈和爸爸也会有某种感受的时候，他们会受到震动，这会给他们留下不可磨灭的印象。最主要的是会使大人显得更亲近，更近人情。

不久前我听到一位母亲与 10 岁的儿子打电话的内容。妈妈（她是个教师）对他讲，她怎样顺利地上了一堂对她来说很难的课。"你是知道的，"她说，"今天早上我有多紧张。但结果很好，我很高兴。你也很高兴？谢谢！"妈妈和儿子在情绪上如此休戚相关，真让人欣慰。

3. 当我们真诚坦白地表达自己的感受时，孩子也会更真诚地表达自己的感受。孩子开始感到大人信任他们，于是他们也可以信任大人。

一位母亲来信询问她的做法是否正确，她是这样写的：

我儿子 6 岁的时候，我和丈夫离婚了。现在他 11 岁，开始深深地思念父亲。他已经意识到自己的这种感情，但一般不会说出来。有时他冒出一句："要是和爸爸去看场电影就好了，跟你就不大想去。"有一次我儿子直接说他很寂寞烦闷，我对他说："是的，儿子，你大概因为没有父亲感到很郁闷，我也不高兴啊。如果你有爸爸，我有丈夫，我们的生活会有趣得多。"儿子终于憋不住了，靠在我的肩上默默流下了辛酸的眼泪。

我也悄悄地掉了眼泪。可是我们俩都觉得心里好过些了。那天的事我想了很久，在心灵深处的某个地方，我知道我做得对。不是吗？

这个妈妈本能地找到了正确的语言，对孩子说出了他的感受（积极倾听），也说出了自己的感受（"第一人称表述"）。这些方法行之有效的最好证明就是：两个人都感到心里好过些了，母子两人更加亲近。孩子会很快学会家长的沟通方式，这也和"第一人称表述"有关。

"自从我开始使用'第一人称表述'以后，"一个5岁女孩的父亲写道，"我女儿几乎再不说'给我！'，'跟我玩儿会儿！'这样的话了，而常说：'我想'，'我不能再等了。'"

通过这种表述父母了解孩子的感受和要求要容易得多。

4. 最后，当我们不夹杂指令或责备地说出自己的感受，孩子能得到自己作决定的机会。这时——令人惊讶的是——他们开始考虑我们的愿望和感受。我举一个例子，这件事是一个4岁男孩的妈妈讲的：

我带着儿子来到药房，他想要维生素片，我给他买了。

然后他看到另一种，又要买。我说："谢廖沙，我们说好了，等这些维生素片吃完了，我就给你买那一种。"可是他开始哭鼻子，然后推我，而且大声喊叫。我觉得很难堪，我已经无地自容，不知如何是好了。于是我大声说：

——这种闹法让我觉得非常丢脸。

谢廖沙忽然看看周围的人，然后凑过来抱着我的腿说：

第7课　如何处理家长的感受

——妈妈，我们走吧，就听你的。你说吃几片维生素，我就吃几片。你说吃一片，我就吃一片；你说吃两片，我就吃两片。

在回家的路上，他总是看着我的眼睛，反复说他要吃几片维生素。

学会"第一人称表述"并不容易，就像学会积极倾听孩子一样，它需要练习，最初很难避免出错。

错误之一是，家长以"第一人称表述"开始，以第二人称结束。

例如："我不喜欢你这么邋遢！"或"我很烦你哼哼唧唧！"

使用无人称句、不定人称代词、概括词等可以避免这一类错误，例如：

"我不喜欢有人不洗手就坐下来吃饭。"

Box 7-1

彻底教训一顿

这件事是一位母亲的原话,讲的是家长的怒火。

这是很久前的事了,那时我儿子6岁。我记得我生病躺在床上,而他想出去玩。我们的院子挺安全的,而且我跟他说定了:只能在儿童游戏场的范围内玩(我们院里有两个,在房子的两边)。

我们说好他几点回家,他应该向别人问一下时间。约定的时间过了,然后又过了一小时,然后又过了近一小时。我开始急得要命,最后终于从床上爬起来跑出去找他。我跑遍了两个游戏场,还有其他可能和不可能的地方——都没找到他。我跑回家看看他是不是已经回来了,然后又跑出去找他。

最主要的是,这是第一次出现这种情况,他总的来说是个挺听话的孩子。

终于把他找到的时候,我已经快要"气炸了",决定好好教训他一次,好让他再也不敢这样做。在领他回家的路上,我声色俱厉地说:"你的行为太不像话了,我得惩罚你。你自己选:我是用皮带揍你,还是一个星期睡觉前不给你念故事书!"

"要是揍了,能念书吗?""可以。"我沉着脸说。"那还是揍吧!"他说。

我让他把裤子脱掉,从柜子里找了条皮带。"我怎么站?"他问。这时我觉得有点不自在了(当他一本正经地选择了念书的时候就开始觉得不自在了)。但因为觉得要把惩罚进行到底,我还是用皮带抽了他几下。这样做以后我马上觉得不安了。我感到我侮辱了这个小人儿,而他在这件事中其实比'气冲冲'的我表现得更有风度。我真的很光火吗?开始是急得要死,而后来,当把他找到的时候,我心里一下子轻松了,并产生了一个想法:"要惩罚他!"我想,如果我马上告诉他,我是多么的着急,他一定能很好地理解,那样就不会出现这个侮辱孩子的、愚蠢的局面。我以后再没有打过他,掌握"第一人称表述"后,我懂得了该如何处理这一类的情况了。

"我烦孩子哼哼唧唧。"

表达感受也要注意场合,下面这两种场合中用这种方法显然不合适。

例如,如果看到儿子用积木朝弟弟的头上扔去,您吓坏了,那么您的叫喊中应该表达出这种强烈的感觉。在这种情况下,"我不喜欢男孩子这样做"这样的句子就完全不合适了,孩子会觉得很假。

我再举一个真实的例子。

一个15岁女孩的妈妈发现女儿最近和她疏远了,这使她很难过,但她不知如何和女儿谈这件事。最后她下决心说出自己的感觉。她承认,自己"完全失去了平静","不能再这样生活下去了",由此开始了一场对她们两人很重要的谈话。在这种情况下,"我不喜欢我们的关系"这样的话就远不够真实,只能坏事。

改变条件

前面我们讲了,如果您已经出现了负面感受该怎么办。但是还可以换一个思路:如何减少出现这种感受的机会。这好像是治疗感冒和预防感冒。当您已经生病了,只好吃药,但也可以提前采取措施加以预防:穿暖和些,锻炼身体等等。所以现在我们要讲讲如何预防情绪问题。

有一条明路摆在面前,但它却经常被我们家长所忽略。

请把它作为**第7条原则**记下来。

> 不要要求孩子做不可能或很难完成的事情,而要看一看您可以为改变局面做些什么。

例如,1岁半的孩子对电源插座很感兴趣。您很担心他把手指插进去,威吓禁止是没用的,对孩子嚷嚷更没用。如果您用一件家具把电源挡住或买一个专用保险插头,问题就解决了。

当然,在日常生活中还可以举出很多类似的例子。有些家长在窗户上装上临时护栏,把怕打碎的东西放在高处,把贵重的家具搬出房间让孩子自由自在地爬来爬去,在他房间里反贴廉价的墙纸,好让孩子在上面画画。这样一来,家长和孩子都避免了无谓的紧张。

改变预期

现在我们来讲**第 8 条原则**。

> 为了避免不必要的问题和冲突，要让自己的预期与孩子的能力相符。

您已经看到，这条原则与上面一条相似。这是基于这样一种考虑：要求孩子做他做不到或很难做到、还没准备好的事情是没有好处的。最好不要强迫他，而是改变自己的预期。

这里也让我们看几个例子。

妈妈让 4 岁的儿子去打牛奶。这需要走过几座房子；乡下的路不平，有上下坡；对孩子来说牛奶桶挺大的，差不多快挨着地了。但妈妈要培养他"自立"和具有责任感，严厉地警告说："当心不要洒了！"孩子回来时垂头丧气，在地上拖着差不多已经空了的奶桶。妈妈很恼火。

另一个例子:

父母让12岁的孩子在家看两个5岁的双胞胎,"家里要井井有条!"他们吩咐说。当他们做客回来的时候,发现家里乱七八糟的,脏盘子一大堆,双胞胎在打架,大儿子一肚子气,父母很失望。

不久前我看到了这样的一幕:

一位母亲带着5岁的儿子和两个同伴一起在咖啡馆排队等座位。等的时间很长,已经快半个小时了,孩子闷得难受,待不住

第 7 课　如何处理家长的感受

了，和一个差不多大的孩子一起跑来跑去，爬上花坛……妈妈正聊得起劲，但不时停下来管孩子，想让他呆在身边。为了让他不要乱跑，就让他拿着一个很大的提包。但是这些都没用。最后，她生气了，把儿子训斥了一顿。

一个也在排队的男人出来解围，他跟孩子玩儿了起来。他们玩儿得非常有趣，连妈妈都停下谈话微笑着看着他们。

这位妈妈错在她的要求是一个 5 岁的孩子做不到的——长时间站在一个地方不动。结果她自己的情绪也被破坏了。

所有家长都期待他们的孩子做一些他已经可以或应该做的事，不要做不该做的事。在上面的几个例子中，预期有点过高，结果是父母出现了负面感受。

但这并不意味着，我们不该对孩子"提高标准"，也就是培养他处理问题的能力，教他负责任、听话。相反，在任何年龄都必须培养这些品质。只是这个标准不宜定得太高。而最重要的是要注意自己的反应。如果意识到孩子在攀登新的高度，难免失误，您的耐心就会大大增加，这有助于您坦然面对他的挫折。

委婉表达对孩子的担心

现在我要讲本课的最后一条原则了。**这第 9 条原则**尽管字数不多，但含义却很复杂：

> 尽量不要把孩子的情绪问题据为己有。

这是什么意思呢？此前我们讲过让孩子自己操心他们的日常事务是很重要的（第 4 条和第 5 条原则）。现在要说的是孩子的感受和我们对孩子过分担心的问题。

您是否听孩子这样说过（经常是青春期或更大的孩子）："别哭（别上火，别大惊小怪）了，你这样只能坏事！"

孩子的这些话说明他们在情绪方面也渴望摆脱父母：学习独立面对紧张的、有时是危险的情况。当然，在这种情况下他们有时需要您的关心，但这种关心应该是委婉的，不要纠缠不休。

那么该如何处理我们自己的感受呢？要知道，我们早晚要冒险让儿子第一次独自过马路，允许长大的女儿和同龄人一起迎接新年。我们的担心是有道理的，我们当然也应该在我们可以控制的范围内采取预防措施。但这时该如何跟孩子谈话呢？我相信，这时"第一人称表述"是不二选择。

我讲一件事。

一个 15 岁的男孩准备和朋友们去山区旅行。

他的父母很担心：这是一趟很艰难的旅行，要翻过积雪的山口，渡过好几条湍急的河流，而且他们又看不到儿子的情况。妈妈尽管知道与孩子沟通的方法，还是忍不住说："千万千万，你可要当心（"第二人称句"）！"儿子很烦躁地回答："得了，妈，你怎么不懂,你这么说只能让我烦。再说我自己什么都懂。我不想听你说。""对不起,我不该这么说。"妈妈忽然想起来了,"只是要知道我会很担心的("第一人称表述")。"

后来儿子说,在山里,当他要选择是走有很多冰缝、不结实的雪桥还是绕路的时候,"我想起你说你会很担心,就选择了后者"。

当孩子面临实际考验时,如果他知道我们对他的爱和担心,他就比较容易作出选择。"第一人称表述"让他没有理由"对着干"、自行其是、做出鲁莽冒失的举动。

家庭作业

作业1

从父母的话中选择,哪些是符合"第一人称表述"的。(答案在本课结尾)

情景1. 您几次叫女儿吃饭,她回答"马上就来。"——同时接着做自己的事。您开始生气了。

您说：

1. 得叫你几次啊？
2. 如果我要反复说一件事，我就会生气。
3. 你不听话惹我生气。

情景2．您在和朋友谈重要的事。孩子不时打断你们的谈话。

您说：

1. 有人插嘴的时候我很难谈话。
2. 别打搅我们谈话。
3. 我跟人说话的时候你就不能干点别的吗？

情景3．您疲倦地回到家里，您的十几岁的儿子和一群朋友在家里放音乐，吵吵闹闹，桌子上杯盘狼藉，您感到又生气又委屈（"怎么就不替我想想！"）。

您说：

1. 你没想过我也可能很疲倦吗？
2. 把自己用过的盘子收拾好。
3. 我回家很累，看到家里乱七八糟的样子很生气。

作业2

我想提醒一下，使用"第一人称表述"时有一点很重要，就是说出的正是您此刻的感受，而且要符合感受的强度。其实这并不容易：我们习惯于考虑应该对孩子说什么，而不是表达我们自己的感受，有时还把它压在心底。在这项作业中您要更多地倾听自己。先不要想您该对孩子说什么，而试着搞清楚在下列每种情形中您的感受。先填好第二栏就可以了。

第一个示例。

第7课 如何处理家长的感受

情况	您的感受	第一人称表述
1. 孩子吃饭的时候淘气，尽管您提出了警告，他还是把牛奶弄洒了。	1. 懊恼，生气。	
2. 一年级的儿子穿着有破洞的牛仔裤去上学，不肯穿别的裤子。		
3. 您的女儿长大了，爱上了一个"坏小子"。		
4. 您走进房间（9层），看见学龄前的儿子坐在窗台上，窗户开着。		
5. 您在等客人。女儿把您准备招待客人的蛋糕切了一块吃掉了。		
6. 您刚擦了地板，儿子过来把地踩脏了。		
7. 丈夫要下班回家了，您让女儿去买一趟面包，她不肯。		

作业3

现在，根据您在每种情况下的感受填写第三栏。例如，在第一种情况下您可以说："当孩子不听话的时候我很生气！"注意，用"孩子"这个词可以使您避免说具有攻击性的"你"。

作业4

您大概已经猜到，我给你们留的一道作业题就是在交谈中使用"第一人称表述"。这样的尝试肯定会带来成功。我要提醒：先要弄清楚现在的问题在哪一方，是否在您这一方？

您的情绪很激动？那么就先搞清楚这是什么情绪，然后把它告诉孩子。

家长提问，解答

问题：如果"第一人称表述"不起作用呢？比如，昨天很晚的时候我儿子要出去玩，我跟他说："太晚了，我担心。"可他还是走了。

回答：您的这个问题类似我们在前面某一课中分析过的问题（参看第5课中"家长提问，解答"）。答案是：不要以为"第一人称表述"和我们掌握的其他方法会很快收到实际效果，比如使孩子学好功课，戴上围巾或不去看电影。我们掌握这些方法完全是为了达到另外的目的：建立与孩子的沟通，增进和他的相互理解，帮助他获得独立性和责任感。您看，这是较远的和比较笼统的目标。

当然，有时您说了一句这样的话以后，孩子做了您希望他做的事，但这不是最要紧的，最重要的是，这是他自己作出的决定。

实际上，您常常需要等待你们建立起良好的关系。孩子需要确信您的沟通方式已经改善。而目前您的每一句正确的表述都只是新的大厦的一块砖，一块暂时不太起眼的瓦。但是别小看这不起眼的一砖一瓦，没有它们，高楼大厦怎能拔地而起呢？

问题：女儿在学校受气了，她满脸是泪地回到家，我很难受，该怎么办？

回答：重要的是应该弄清楚，在这个时候谁更难受一些。当然，孩子的任何挫折或倒霉事都会引起您相应的感受。

如果这种感受很强烈，可以用"第一人称表述"。同时为了不要加重孩子的问题，要把它说给自己或别的成年人听。实在不行就写出来。然后，因为这毕竟是孩子的问题，是她受了委屈，要积极地倾听她，用这种方式表达您对她的同情。

第 7 课　如何处理家长的感受

问题：如果我对孩子很生气或火冒三丈，怎么能用"第一人称表述"呢？

回答：心理学家认为，愤怒常常是次要的感受，它往往是由其他主要的感受引起的。

因此，如果您要劈头盖脸地怒骂孩子，请等一下，尽量弄清楚自己最初的感受。

例如，孩子对您很粗鲁。您的第一个反应可能是委屈……

您在家长会上听到很多关于他的坏话，因而感到痛苦、失望，可能还有羞耻。

孩子回家晚了三个小时，让您很焦急。您的第一个感受是高兴和放松！您最好表达这些感受：

——我很难受，很憋屈。

——听到的那些事让我很不痛快。

——谢天谢地！你没事！我着急死了！

您很快会发现，在这样的情况下您是不会"大发雷霆"的。

问题：我们家的情况经常是这样的：我说"我很担心"，儿子说："你不用担心，我很放心。"最近开始说（不知从哪儿学来的！）："你担心是你的问题，我有什么办法？"

回答：如果儿子这样说，那么这是一个明确无误的信号，说明您进入了他的"领地"，干预了他想自己决定的问题。在这种情况下最好问问自己："他做的事和我有关系吗？"如果跟您本人没有关系，就放权让他为自己担心去吧。反正您的担心帮不了他的忙，反而更可能妨碍他。

作业 1 的答案

情景 1.

第 2 句是"第一人称表述"。

第 1 句是典型的"第二人称表述"，第 3 句以"第一人称表述"开始,而后又变成了"第二人称表述"。

情景2.

第1句是"第一人称表述",其他的两句都是"第二人称表述"。虽然在第2句中没有出现"你",但很像"第二人称表述"("不指自明")。

情景3.

第3句是"第一人称表述"。

第8课
如何解决冲突

最重要的是正确解决冲突

☺

产生冲突的原因

☺

"单赢"不是好办法

☺

"双赢"皆大欢喜

☺

解决冲突的五个步骤

☺

家长提问,解答

最重要的是正确解决冲突

我曾经在一本心理学书上读到,即使家庭关系再好,冲突也是不可避免的。问题完全不在于避免冲突或尽量和稀泥,而在于正确地解决冲突。当时我非常吃惊,但随着时间的推移,通过观察自己和周围人的生活,我认识到,确实如此。

我们几乎每一步都有可能遇到冲突,有时这导致公开的争吵,有时变成隐而未发的怨愤,有时则演变成真正的"战斗"。现在关于如何积极解决冲突的书有很多,今天我们就来研究这门"学问"。

产生冲突的原因

首先让我们看一看,父母和孩子之间的冲突是如何产生的,为什么会产生。

我们举一个典型的例子(您是否很熟悉?):晚上全家围在电视机前,但每个人都想看自己的节目。例如,儿子是个狂热的球迷,他想看足球比赛的转播。妈妈想看一个外国肥皂剧。于是争吵很快升级:妈妈怎么也不能错过肥皂剧,因为她"盼了整整一天了";儿子怎么也不能放弃球赛,因为他"盼的时间更长"!

还有一个例子。

家里要招待客人,妈妈急着把饭做好,突然发现家里没有面包。她让女儿去一趟商店。但女儿上体育训练课的时间快到了,她不想迟到。妈妈请女儿"替她想想",女儿也一样。一个坚持,一个不让步,情绪越来越对立。

这两种情况有什么共同之处呢?是什么造成了冲突并导致"情绪激化"呢?

第8课 如何解决冲突

显然,问题在于家长和孩子的利益冲突。我们发现,在这类情况下,一方愿望的满足会给另一方的利益带来损害,因而引起强烈的负面情绪:生气,不满,恼怒。用我们已经熟悉的术语来说,在利益冲突的情况下孩子和家长双方都出现了问题。换言之,两只杯子都已经满得快要溢出来了。

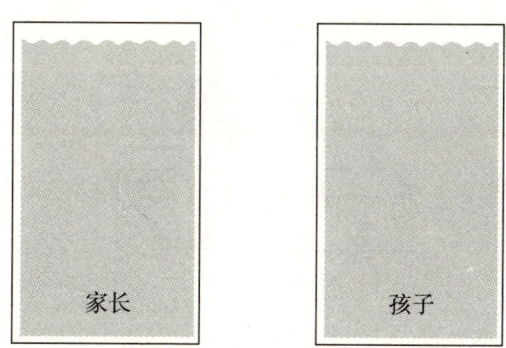

在这种情况下该怎么办呢?

家长们解决这个问题的方式五花八门。有的说:"根本不应该让双方冲突起来。"一般说来这种动机也许不错。但很遗憾,谁都不能保证自己的愿望和孩子的愿望一次也不发生分歧。生活很复杂,父母和孩子(以及父母之间)的利益不可能总是一致的。

矛盾出现时,有的家长认为没有别的办法,只能坚持自己的立场;另一些家长则相反,认为最好让步,以保持家庭的和睦。

"单赢"不是好办法

于是出现了两种非建设性的解决冲突的方法,它们可以统称为"单赢"。我们看看,在生活中这会是一种什么情况。

第一种非建设性的解决冲突的方法是"家长赢"。

例如,在关于电视的冲突中,妈妈可能气愤地说:

"没事,你等会儿再看你的足球。你再换一次台试试!"

在买面包的那件事中,妈妈可能这么说:

"反正你得去买面包!你的训练课耽误不了多少。怎么,支使你干点事怎么那么难?"

孩子对此会如何作出反应呢？我们不要忘记，他们的"杯子"是满的，他们有很大的情绪，而母亲的话里又含有命令、指责、威胁，儿子或女儿的杯子很可能因此变得更满。

"你的白痴电视剧！"

"不，我不去。我就是不去，你怎么办吧！"

倾向于用第一种方法的家长认为，必须战胜孩子，挫败他的反抗。如果让他得逞，他就会"骑在脖子上"，"为所欲为"。

他们不知不觉地给孩子做出了一个处事的坏榜样——如果你不顾别人的愿望，就一定能达到自己的目的。而孩子对家长的行为方式是很敏感的，并且从小就开始模仿。所以在使用专制、强制方式的家庭里，孩子会很快学会同样的方式，他们好像用父母教他们的方式回敬父母，于是就会出现"针尖对麦芒"的局面。

这种方法还有另一种形式，就是和气地坚持要求孩子执行自己的愿望。这经常是讲很多道理，最后孩子只好同意。但是，如果家长常用这种施加压力的策略，并总是借此达到自己的目的，那么孩子就学会了另一条原则："我自己的利益（愿望，要求）不被考虑，无论如何都要做家长愿意或要求的事。"

在一些家庭中这种情况持续多年，孩子总是被战胜的一方。一般来说，他们长大后或是具有攻击性，或是非常消极。但无论是哪一种，他们的心中都郁积了很多怨愤，他们与父母不亲，互不信赖。

第二种非建设性解决冲突的方法是"只有孩子赢"。

走这条路的家长或是害怕冲突（"不惜一切代价保持和睦"），或是准备一直"为了孩子的利益"牺牲自己，或是二者兼而有之。

在这种情况下孩子会成为自私的人，不遵守规则，不会控制自己。所有这些特征在"全面让步"的家庭内部可能不太明显，但一旦他们走出家门参加集体活动，就会备感困难。在学校，在

工作中，在任何团体内，已经没有人愿意骄纵他们了。由于他们习惯于对周围人的要求过高，不会体谅别人，他们会陷入孤立，经常受到嘲笑甚至排斥。

在这样的家庭中，父母暗中积蓄了很多对孩子以及对自己命运的不满。当他们老了以后，这些"永远退让"的父母经常生活孤独，得不到照顾。只有到那时他们才恍然大悟：他们无法原谅自己的软弱和不负责任的自我牺牲。

所以，如果不能正确地解决大大小小的家庭冲突，就会不可避免地形成"累积效应"，在其影响下，会形成日后直接影响孩子和家长命运的性格特征。因此认真地对待您和您的孩子的每一次利益冲突是很重要的。

"双赢"皆大欢喜

走出冲突的理想途径是什么呢？其实可以圆满地解决问题，不让任何一方当输家，甚至可以说双方都是赢家。我们来仔细分析一下这种方法。

建设性地解决冲突的方法是:"让孩子与父母得到双赢"。

首先要指出,这种方法是建立在两个技巧基础上的,那就是积极倾听和"第一人称表述"。所以我力荐您先把我们在前几课所讲的内容掌握好。首先要确信,您可以积极倾听孩子,并可以在一般的、没有冲突的情况下把自己的感受告诉他,然后再去处理比较复杂的情况。这个方法本身分为几个步骤或阶段。我们先把它们列出来,然后再逐条分析。

1. 搞清楚冲突的情况。
2. 收集各种方案。
3. 评价各个方案并选择最能接受的。
4. 把决定采用的方案细化。
5. 执行决定;检验。

解决冲突的五个步骤

现在来看第一步:搞清楚冲突的情况。

家长首先要倾听孩子,确定他的问题在哪里,也就是,他想怎么样或不想怎么样，他需要什么，什么对他很重要，什么让他为难，等等。

他应该用积极倾听的方式来做这件事，也就是一定要对孩子的愿望、要求或难处做出呼应。然后他应该用"第一人称表述"说出自己的愿望或问题。

我们还是用那个让女儿买面包的例子。

妈妈：莲娜奇卡，请你去买一趟面包。客人就快到了，我还有一大堆事！

女儿：哎呀，妈妈，我现在得去训练。

妈妈：你得去训练，你不想迟到（积极倾听）。

女儿：对呀，你知道，我们开始要做准备活动，不能不做。

妈妈：你不能迟到……（积极倾听）。而我也很为难……客人这就要来了，可是没有面包！（"第一人称表述"）我们怎么办呢？（过渡到第二步）。

我再次说明，一定要从倾听孩子开始。当他知道您在倾听他的问题之后，倾听您的问题以及参与共同寻求解决方案的意愿会大大增强。

在多数情况下，家长刚开始积极倾听孩子，正在形成的冲突就开始缓和了。父母起初认为孩子"不过是任性"，而现在则会看到孩子确实有问题需要关心。

于是他便会愿意去与孩子商讨问题的解决办法。

新年前夕爸爸和13岁的儿子吵了起来。争吵不仅破坏了除夕的喜庆气氛，孩子整个假期的情绪都受到了影响。其实这全是由一件小事引起的：儿子不想去洗澡。事后爸爸说起这次冲突的时候，感到很困惑："一般这个问题不会给我们带来任何麻烦。但那一次不知怎么别住劲儿了。也许是我的命令语气太生硬，或是选的时机不对。后来，我觉得，他想按'原则'办事，坚持自己的立场，表现个性。我也没让步。最后我硬把他推进了浴室锁了一个小时,直到洗完澡。他当然洗了,但过后我们好几天没说话。"

爸爸很准确地察觉到儿子捍卫自主权的愿望,但更愿意用第一种非建设性的方法解决冲突。

"如果当时您积极倾听儿子的话,会怎么样呢?"

"那当然就会完全不一样了。他就不会那么固执,我也不会像那样制服他。"

您一定记得,在倾听孩子之后,要告诉他自己的愿望或问题。这是很重要的一点。孩子更多、更准确地了解您的感受与您了解他的感受是同样重要的。要注意,您一定要用"第一人称表述",而不是"第二人称表述"。

"我一个人做家务觉得很累,心里很不平衡。"(而不是说"你们把所有的事都压在我头上。")

"我走不了那么快。"(而不是说:"你跑那么快,把我累死了。")

"你知道,我非常盼望这个节目。"(而不是说:"怎么,难道你不知道我每天看这个节目吗?")

在冲突的情况下准确使用"第一人称表述"之所以很重要,还有另一个原因:这种表达会促使家长想一想,究竟是他的什么要求与孩子的事情或愿望相抵触。

柯利亚把父母给他的零花钱存起来，想买口香糖和邮票。但是父母希望他不要买口香糖，而是买个玩具。孩子和父母各执己见，结果双方互相指责，生气，争吵。

父母对不对？不对！请问，如果柯利亚买了口香糖，他们的个人利益会受什么损害呢？没有损害。也就是说，冲突的理由根本不存在。

很遗憾，父母往往喜欢不假思索地禁止："不行就是不行！"如果孩子开始盘问为什么不行，还会加上一句："我们没义务向你汇报。"

那么如果至少跟自己汇报一下呢？那时就会发现，在这个"不行"背后根本没什么了不起的理由，只是想确认自己的权力或保持做父母的威信。关于权力和威信我们稍后在回答问题的时候再谈，而现在，我们继续分析这一方法的下一步骤。

第二步：汇总各种方案。

这一阶段应该从"我们该怎么办呢？""我们想个什么办法？"或"我们该做什么？"之类的问题开始。提出问题之后一定要等一下，让孩子可以先提出解决问题的一个或几个方案，然后再提出自己的方案。在这里，任何一个，甚至在您看来最不合适的方案，都不能立即否决。开始只是把方案收集在"篮子"里，如果有很多方案，可以把它们写在纸上。

我举一个例子，这是一位母亲在我们的课上讲的。

她下班回家后看到12岁的儿子别佳和他的朋友米沙在一起写作业。他们恳求妈妈允许他们看一个11点开始的很有意思的电视节目。米沙的父母允许他在他们家住。

但是妈妈很累，想10点钟睡觉。电视在她的房间里。此外，孩子们早上要上学，不应该如此严重地破坏作息制度。

怎么办呢？

第 8 课 如何解决冲突

妈妈决定采用建设性的方法化解冲突。她认真地倾听了孩子们的愿望，说出了自己的担心，然后问："我们怎么办？"孩子们提出了好几个方案：

1. 请米沙的父母允许他们在他家看电视。

2. 一起看电视，然后米沙回家。

3. 妈妈和别佳换房间，这样孩子们看电视就不会打扰她了。

4. 一起玩儿到 11 点，然后躺下睡觉。米沙留下来住。

妈妈的建议如下：

5. 孩子们玩到 10 点，然后大家都睡觉。

6. 孩子们到米沙家住。

7. 各回自己家住。

8. 孩子们 10 点钟上床，但妈妈允许他们读一会儿书。

需要指出，妈妈从一开始就会觉得孩子们的某些建议不合适（如第二条），但她忍住没有马上说出来。

收集完方案以后，开始做下一步。

第三步：评价各个方案，选择最可以接受的。

在这个阶段应该一起讨论每个建议。此时"双方"已经知道彼此的利益是什么，而且前面的两个步骤有助于形成互相尊重的气氛。

在妈妈和两个孩子的例子中，这个步骤是这样进行的：

1. 米沙的父母表示反对，这条建议自然被否决了。
2. 不合适，因为妈妈不赞成。
3. 对妈妈不太方便：因为她习惯在自己的房间睡。此外，她晚上一般要读书，而在别佳的房间里没有床头灯，用大灯的话她会头疼。别佳顺便告诉米沙，如果很晚的时候看电视，他"又会睡着"。
4. 妈妈不反对。别佳发挥道："我们把收音机和模型带到房间。"米沙说："我们建个车库和高速公路。要不要拿上耳机？"
5. 孩子们不愿意。
6. 米沙给他父母打电话商量，但他妈妈不允许晚睡。
7. 孩子们不愿意。"我们想在一起。"
8. 孩子们说："当然可以。但最好不是看书，而是在别佳的房间里玩儿。"

最后他们选择了第四条建议。

如果在选择最佳解决方案的时候有几个人参加——就像在这件事中——那么大家都能接受的是最好的。

这是这位妈妈第一次尝试采用建设性的方式解决冲突，结果她做得很成功。

有的读者可能不喜欢三个人一起做的决定：因为这意味着孩子们晚睡觉。但是我们不打算评价这个决定是否正确，重要的是，在当时的情况下它是妈妈和两个孩子都完全可以接受的。对我们来说，关注作出这个决定的过程、从中吸取一些有益的东西要重要得多。

第一，我们看到，每一个参与者都得到了倾听；第二，每个人都能替别人着想；第三，"双方"都没有生气、不高兴，相反，保持了友好的关系和融洽的氛围；第四，孩子们能够有机会意识到自己真正的愿望，例如，对他们来说看电视并不那么重要，他们主要是想在一起度过这个晚上；第五，孩子们上了很好的一课，学会了共同解决"难题"。

家长的实践证明，如果反复这样处理分歧，那么孩子就会习惯于用和平方式解决争执。

第四步：把决定采用的方案细化。

假设在家里大家商量好：儿子已经大了，他该自己起床、吃早饭、出门上学了，这可以使妈妈早上不用有那么多事，可以多睡一会儿。

但是只是作出决定是不够的。要教会孩子用闹钟，告诉他各种食物在哪里，怎么热早饭等等。

第五步：完成决定，检查。

我们来举这样一个例子：家庭成员决定减轻妈妈的负担，平均分担家务。他们经过前面的所有步骤，作出了某个决定。最好把这个决定写在纸上，贴在墙上（参看第四步）。

假设，大儿子的职责是：倒垃圾，晚上洗碗，买面包和送弟弟去幼儿园。如果孩子从前不常做这些事，那么他开始的时候可能做不好。

不要在他每次没做好的时候都埋怨他。最好等几天，找个合适的时机，当他和您都有时间，两人都心情平静的时候，问他："你怎么样？做得好吗？"

最好是让孩子自己说出做不好的地方，也许这种地方很多，那么就应该进一步问他，他觉得原因是什么。

也许您有什么没有教给他，或是他需要什么帮助；也许是他希望担负其他某种"更重要的"任务。

最后我要说明，这个方法不让任何人觉得自己是输家。相反，它从最开始就邀请每个人参与合作，最后的结果是大家共赢。

家长提问，解答

问题：如果家里从未使用过建设性的方法，该怎么做呢？

回答：最好从全家一起交谈开始。全家融洽地聚在一起的时候很适合交谈。这时可以给孩子讲，有一种很好的"商量"的方法，给他们讲该怎么做，请他们试试。而成人最需要的是应该真心愿意倾听孩子。再次强调，积极倾听是您最主要的帮手。

问题：这不会损害父母的威信吗？

回答：让我们来讨论一下"威信"和"专制"这两个概念的区别。那些追求权力、用强力压制别人的人是专制者，而有威信的人对他人的行为发生影响是因为他的意见和个人品格——如有见识、为人公正等等——赢得了他人的认可和尊重。

对于很小的孩子来说，父母就是他尊崇的对象。在小宝宝眼里，爸爸最有力、最聪明、最公正，妈妈最美丽、最善良、最优秀。

父母有这样的威信只是因为他们是成年人，而孩子还小，还笨拙而脆弱。在生命的最初几年，这种自然的威信对孩子有很多益处。他无意识地从父母身上"吸收"一切：行为方式、趣味、眼光、价值观和道德标准。但随着时间的推移，力量对比发生了变化，终于不可避免地出现了孩子与父母势均力敌的局面。可能爸爸已经解不出儿子会做的数学题，而妈妈读的书不如女儿多。

一个危机时刻来到了：父母的威信无法靠年龄的优势来维持了。

第 8 课 如何解决冲突

这时会怎么样呢?

父母面临一个难以抉择的问题:是赢得威信还是施行专制。

施行专制是绝对的死路一条。靠绝对服从或惧怕惩罚来维持的权力最终会失效。

孩子早晚会为独立、为实现自己的要求和目标而斗争,而且会为此用尽他稚嫩的力量。有时这会发展为公开的对抗。而这条路最大的危险在于,它会使人产生一种无法逆转的绝望感。

在我们看来,只有一个选择——要看清楚,对孩子使用强力压制的路是走不通的,早晚会造成关系的破裂。家长一旦开始依靠禁止、压制和指令,他就会失去威信。

如果他依然能够代表力量和阅历,那么他就可以保持威信。但他的力量不是指令的威力,而是心灵和人格的力量;他的阅历也不是知识的机械储存,而是为人处世时体现出来的智慧,那么他就可以保持威信。

我介绍的方法可以帮助您和孩子在都面临困难的情况下表现出智慧,使您免于专制的危险倾向。

问题:建设性地解决冲突需要的时间是不是太多了?

回答:的确,这里不能用"军事化的"、简短的命令,需要花 10 分钟,有时要花半小时。

但首先,您会发现这个时间不是失去,而是得到。在这段时间里孩子和全家可以获得友好沟通的体验。

其次,如果冲突没有解决,它会复发。那时花在无结果的口角和争吵上的时间肯定比明智地解决冲突的时间多得多。

最后,很多父母都说,使用了正确的方法之后冲突出现得越来越少,问题解决得越来越快。

问题:如果找不到大家都满意的解决方案怎么办?

回答:担心通常是多余的。不错,如果双方的立场是"针尖对麦芒",这种担心是很自然的。但关键是,我们的方法是要让双方产生共同解决问题的意愿。在这种情况下，自然会找到解决问题的办法以及互相妥协的愿望。

问题：如果孩子面临危险，而他还是坚持要做，该怎么办？难道在这种情况下也要寻求共同的解决方案吗？

回答：如果您需要用快速行动拯救孩子的生命，那么当然要不由分说地迅速行动。

但是，以指令和禁止作为主要方法来预防孩子没有真正认识到的危险，是不合适的。

围绕这个问题经常爆发争论：家长说"不准摸"烛火，如果小孩子不听，继续想去摸的话，该不该让他去摸？

一些家长认为，他们应该坚持禁止；另一些家长则认为，如果孩子非要摸，可以让他稍微被烫一下。

在日常生活中，我们不是也会碰到很多其他情况，面临两难选择吗？孩子年龄越大，他获得经验付出的代价就可能越大。怎么做好呢？

当然没有放之四海而皆准的答案。但应该记住，如果我们把孩子保护得严严实实，不让他面临任何危险，我们可能会让他们遭受更大的危险，因为我们使他们失去了对自己行为负责的意

第8课 如何解决冲突

识。同时,共同解决冲突的成功经验可以成为教育孩子谨慎行事的很好一课。

问题:如果孩子之间发生冲突,家长该怎么办?

回答:最糟的是在孩子的大声争吵中再加上自己提高的嗓门:"马上住口!""我马上把你们两个都……"更糟的是家长偏向一个孩子,通常是年龄较小的一个。这可能会使小的变得骄纵任性,并使得大的感到气恼和嫉妒。

在大多数情况下,让孩子自己把事情搞清楚是不错的办法。可以使用下列"第一人称表述":"我不喜欢在家里有人大吵大闹","我喜欢孩子们自己把事情搞清楚"。

但有时父母被卷入了孩子之间的冲突,此时他们必须充当仲裁者。这时建设性的方法就显得很有用了。

自然,应当从倾听每一方开始。

在此很重要的一点是要遵守下列原则:如果您此时在听一个孩子说,他开始感到您设身处地地理解他的问题,您同时要用某种方式让另一个孩子知道,他也会得到同样认真的倾听。您一定要知道,另一个孩子正带着很大的醋意在关注着您谈话的语气,而因为您没有责备,您的语气很温和,这可能使他做出结论——您向着他的"敌人"。因此,当您打算倾听一个孩子的感受时,最好用目光、触摸、点头给另一个孩子发出信号:"是的,我记着你呢,准备马上认真地听你说。"

我们来看一个这样的例子。

爸爸:孩子们,你们知道吗,我走进浴室,看到那里乱七八糟,觉得很不舒服:浴巾团成一团,满地是水,浴缸没有刷……(第一人称表述)

玛琳娜:这全是萨什卡弄的,他洗完澡从来都不收拾!

萨沙(愤怒地):不对,都是你自己乱扔的。

玛琳娜:不对,是你!

萨沙：不对，是你！

妈妈：我不喜欢这样吵嘴（"第一人称表述"）。玛琳娜，你想说，你洗完澡浴室收拾好了（积极倾听）。

玛琳娜：嗯，不是全收拾好了，可不是像他洗完澡这样子。

萨沙：对啊，不是全收拾好了！

妈妈：萨沙，我马上就听你怎么说。也就是说，你也有什么东西没有收拾（继续积极倾听）。

玛琳娜：嗯，可能是有。

妈妈（对萨沙）：萨沙，如果全怨你一个人，你就觉得生气。（萨沙点头）也就是说，我这样理解：每个人都同意，浴室这么乱每个人都有责任。（妈妈总结听到的内容）而现在爸爸走进浴室觉得很不舒服，（积极倾听爸爸）坦白地说，我也一样。（"第一人称表述"）我们该怎么办？（在每个人都得到倾听、情绪缓和下来以后，提出关键问题）

萨沙：每个人把自己弄的收拾好。（妈妈等了片刻，让某个

第 8 课　如何解决冲突

孩子先说出建议）

妈妈：也就是说，在每一只袜子和每一滩水上面贴上"萨沙"，"玛琳娜"。（幽默感一般非常有助于缓和局势）

玛琳娜：我来擦地，刷浴缸，让他把别的都收拾好。（又一个建议）。

萨沙：得，我同意。

妈妈：好吧，我觉得这样解决大家都满意。你们什么时候做这件事，是现在还是晚饭后？（将解决方案细化）

萨沙：等什么，现在干吧。（玛琳娜点头）"把别的都收好"是指什么？

妈妈：我们去看看。（大家一起去浴室）你觉得，这需要收拾什么？

萨沙：浴巾，袜子……还有肥皂和海绵……（将解决方案细化）

孩子们很快收拾好了，全家人和和气气地吃晚饭。他们已经把刚才的小插曲忘了，却得到了一次宝贵的经验，学会了解决冲突而不使任何一方成为输家。

第9课
立规矩与守规矩

为什么现在才讲到规矩?
☺
孩子需要规则
☺
关于规矩的原则
☺
中庸之道和四个色区
☺
惩 罚
☺
不听话的自然后果和人为后果
☺
惩罚最好从"正数"到"零"
☺
"管不了"的孩子
☺
顽固不听话的四个原因
☺
查清原因其实很容易
☺
四种不同策略
☺
路漫漫其修远兮

为什么现在才讲到规矩？

在前面的几课我们讲了很多孩子的情绪和感受，还讲了如何倾听、理解和接纳孩子。

家长想必已经迫不及待地问：什么时候才讲规矩和顺从呢？因为有些规则是孩子应该遵守的，有些要求是他们应该无条件照办的！

我并不反对这种看法。确实有这样的规则和要求，是该讨论它们了。为什么现在才谈这个问题？这样做有充分的根据：如果家长不会考虑孩子及自己的情绪和感受，利益和要求，他们就无法立规矩。学过前面几课之后，我们有了一个必不可少的基础：沟通的新知识和新技能。在本课中我们将多次运用它们。

孩子需要规则

我先讲一个让有些家长可能觉得很意外的"秘密"。孩子们不仅需要秩序和行为规则，他们还愿意和期待有秩序、有规则！这会使他们的生活变得易于理解而且可以预见，从而形成安全感。

您一定知道，吃奶的婴儿如果被抱出去"做客"几小时，就会烦躁不安，因为他生活节奏被打乱了；而当他们回到家，回到熟悉的生活环境中，就会顿时安静下来。

有时孩子比大人更愿意保持秩序。

我记得令人感动的一幕。妈妈带着一岁半的孩子出去玩，她把楼门打开后没有关好。孩子走了几步，不安地回头看看，然后把小手从妈妈手中挣脱出来，摇摇摆摆地朝门走去，费劲儿地把门关上了。秩序恢复了。我看了看妈妈，发现她不好意思地笑了。

第9课 立规矩与守规矩

大家当然都领教过另一些孩子的"死心眼儿",他们总是想重复习惯的东西:您给学龄前的孩子读故事或讲童话,最让人吃惊的是他对这些故事或童话百听不厌。尽管已经会背了,他还是愿意听无数次。如果您讲的时候想做点改动,马上就会遭到抗议:"不对,你把这个漏掉了","不对,他不是么说的,是这么说的……"

我讲一件亲身经历的事情,它说明秩序的破坏可能会使孩子非常伤心甚至受到惊吓。

有一次朋友请我去照看一个3岁的小女孩。她的父母3年来第一次下决心出去看一次戏。此前我很少见到这个小女孩,但知道她是一个非常胆小的孩子。但是父母寄希望于我的"心理专业

知识",而我,应当承认,也是如此。"我们来玩个特别好玩的游戏,"我提议说,"比方说,建房子!"根据我对自己童年的记忆和对其他孩子的观察,我觉得小女孩应该喜欢这个游戏。"怎么玩?"小女孩怯生生地问。于是我开始起劲地做给她看。我放倒了几把椅子,把它们搬到一起,上面搭上被子。我还想把台灯放到"房子"里。这时我听到小女孩尖厉的哭声:"马上把东西都放回去!"她惊恐万状地喊道。后来我才知道,她的父母从不允许家里这样乱七八糟的。

孩子本能地感觉到,父母的"不许"背后是对他的关心。一个十几岁的孩子难受地说,他的父母一点都不爱他,因为允许他做的太多,包括别的家长不允许孩子做的事。"我看,他们根本不把我当回事儿。"这个男孩伤心地得出这样的结论。

问题来了:既然孩子在定好的规则和一定的行为规范之下会觉得更安全,那么他们为何总想破坏这些规则和规范呢?为什么家长、老师总是为此叫苦呢?

原因很多,比人们一般想象的多得多。我们在稍后,本课的最后再谈这些原因。现在我只是要说,实际上孩子们反抗的不是规则本身,而是"贯彻"规则的方法。

因此,让我们对这个问题换一种表述:用什么方法可以不用引起冲突而使孩子守规矩呢?

我想,这是每个家长都孜孜以求的。这无疑是教育中最困难、最微妙的任务。因为完成这个任务的方法决定着能否培养出一个规规矩矩的、负责任的人。

关于规矩的原则

下面几条规则有助于在家庭中立规矩、守规矩而不造成冲突。由此形成了一系列关于规矩的规则。

第 9 课　立规矩与守规矩

第 1 条原则

> 在每个孩子的生活中，规矩（限制，要求，禁止）都必不可少。

对那些想尽量少限制孩子、避免跟孩子冲突的家长来说，这条原则很有益处。因为他们最后会受孩子的摆布。这是一种纵容的教育方式，其后果我们在前面一课中已经讨论过了（参看第 8 课，第二种非建设性解决冲突的方式）。

第 2 条原则

> 规矩（限制，要求，禁止）不宜太多，而且应有弹性。

您不难理解，这条原则可以防止另一个极端——"拧螺丝"的教育方式，也就是专制的沟通方式（参看第一种非建设性解决冲突的方式）。

同时运用这两条原则需要家长在解决"可以"、"应该"和"不许"这几个问题时有很好的分寸感和特殊的智慧。

中庸之道和四个色区

可以把孩子的品行模拟地划为四个色区：绿色、黄色、橙色和红色，这有助于我们在放纵和专制之间找到中庸之道（划分区域是一位美国心理学家的创意，我们将其加以变形并作出自己的补充）。

绿色区包括所有允许孩子根据自己的想法和愿望做的事。例如，玩什么玩具，什么时候开始写作业，参加什么小组，和谁交朋友……

不抓狂，育出好孩子

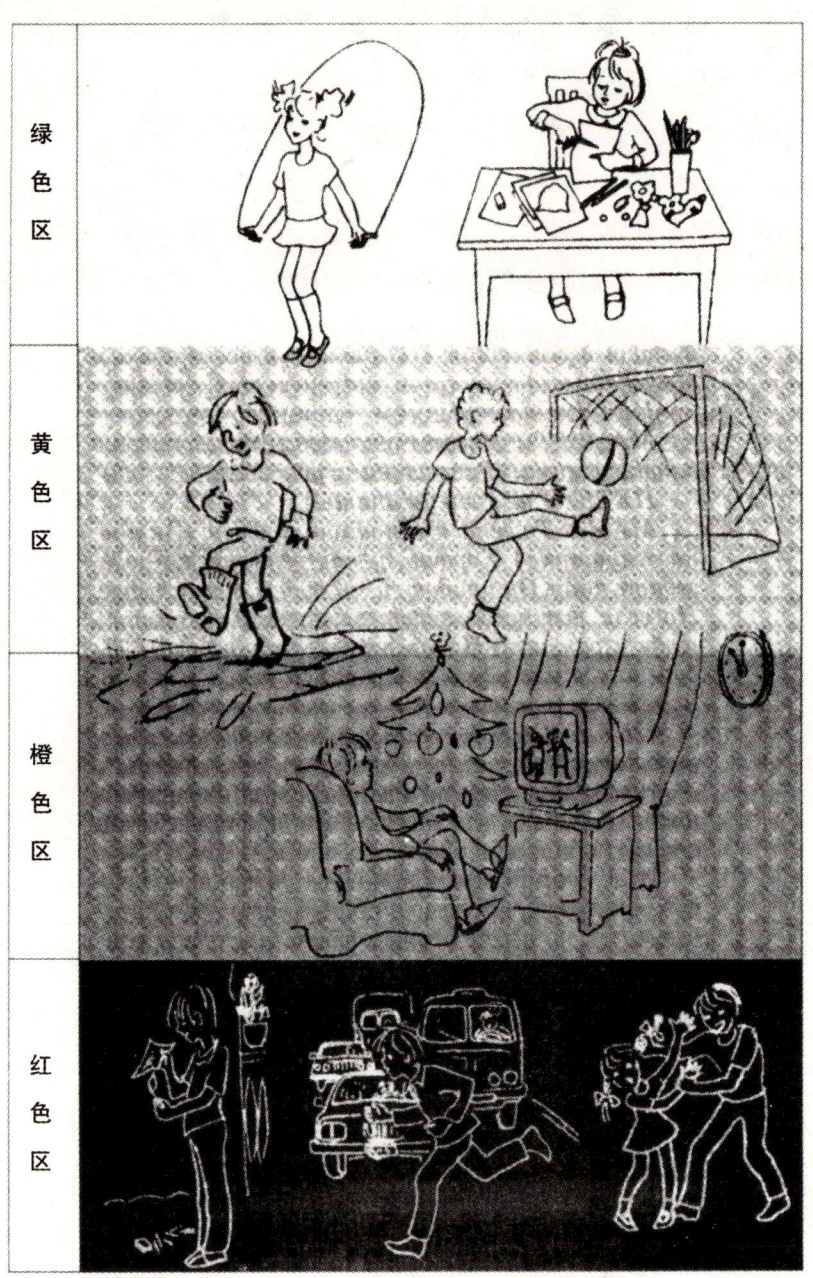

第9课 立规矩与守规矩

我承认，我在寻找例子的时候遇到了困难：孩子自己选择的行为能得到所有家长认可的并不那么多。例如，有些家长认为，应该监督孩子在规定的时间内做完作业，留心他们的儿子和谁出去玩等等。一方面，他们的担心是有道理的；另一方面，我想他们自己其实也不想瞎操心。

在黄色区中，孩子的行为是相对自由的。家长允许他们按照自己的选择行事，但只是在一定的界限之内。换言之，他可以自己决定，但条件是要遵守一些规则。例如可以在愿意的时候开始写作业，但要在晚上8点之前完成。可以在自家院子里玩，但不能到远处去。

这个区域很重要，因为孩子正是这样按照自内向外的机理进行自我约束。开始，父母正是借助在家中立下的规矩和规则帮助孩子克制直接的冲动，谨慎行事，学习控制自己。渐渐地，孩子会习惯于这些规矩，可以自然而然地遵守。但是这种情况只有在围绕规则没有经常产生冲突时才会出现。

因此孩子接受要求和约束却能避免和家长发生任何冲突，这应该是家长教育孩子的理想境界。

请每次都尽量平静而简短地解释您为什么提出这个要求。同时一定要指出孩子可以自由选择什么。如果孩子感受到家长对他们的自由和独立意识的尊重，他们就比较容易接受家长的约束。

在下面的例子中，妈妈和5岁的别佳之间进行的谈话就很成功。

别佳抓起一块饼干。

妈妈：现在不是吃饼干的时间，会影响你吃饭的。（限制和简短的解释）

别佳：我想吃！

妈妈：一定让你吃，但只能在吃完晚饭以后。（有条件地允许）

别佳：我不想吃饭！

妈妈：就是说你现在还不饿。（积极倾听）好，那么我们可以等等爸爸，等他回来了我们一起吃饭。但要是你饿了，我可以提前给你开饭。（指出可能的选择）你想吃粥还是炸土豆？（可以选择）

别佳：当然炸土豆，我要和爸爸一起吃！

但有时我们不得不破坏订立的规则。这就进入下一个区——橙色区。

那些我们通常不赞成孩子做、但是现在由于某些特殊情况同意孩子做的行为划归橙色区。例如，离家多日的爸爸晚上10点回家，于是孩子被允许在爸爸回来之前不睡觉，甚至明天不上幼儿园。或者小孩子做了噩梦，受了惊吓，妈妈把他抱到自己的床上，直到他不再害怕。

我们知道，有规则才有例外；如果这些例外的情况很少并有正当理由，就不用担心。而孩子会很感激父母愿意照顾他们特殊的请求，于是他们在正常的情况下甚至会更愿意遵守规则。

最后是红色区，这是在任何情况下都不能接受的行为。这些行为是我们绝对"不允许"的，没有例外。

不可以打、掐、咬妈妈，不许玩火，不许毁坏东西，不许欺负小孩子……随着孩子年龄的增长，这个单子也在"长大"，最终引导他学会遵守严肃的道德规范和社会禁忌。

上面列举的这些区域显示，规则与规则会有出入，而在培养孩子守规矩的过程中，完全可以在体谅理解和态度坚决之间，在灵活和坚定之间找到"中庸之道"。

第3条原则

> 家长的要求不应该和孩子最重要的需求相矛盾。

第9课　立规矩与守规矩

例如，孩子"过分的"活跃常让父母心烦：他们总是为什么要跑、跳、吵吵闹闹地玩儿、爬树、扔石头、到处乱画、什么都抓、什么都要打开、拆开……

答案很简单：这不过是孩子发展运动、认知、练习能力时的自然表现和重要需求。他们比成年人更需要运动、观察事物、尝试自己的力量。禁止类似的行为无异于要拦住暴涨的河水。最好还是想办法把河水引向适宜的、安全的河床。

可以研究小水坑，但要穿上高腰靴子；拆开钟表也可以，但只能拆旧的、早就不走了的；可以踢球，但不能在室内，而且要躲开窗户；甚至朝着一个靶子扔石子也可以，如果能注意到不让任何人因此受伤。您当然看出了，这是黄色区的例子，但如果让孩子处于适当的环境并允许他自由行动，这些甚至可以划归绿色区。

例如，在国外一些儿童教育机构，房间的墙是用瓷砖做的，专供孩子画画用。每个孩子都可以用水笔或颜料在墙上随便涂鸦。下课后用水一喷，下一个班的孩子就可以接着画。孩子们很喜欢，老师也很喜欢。

另一个例子和半大孩子有关。大概从10－11岁开始，孩子与同龄人交往变得尤为重要。他们会结成一些大大小小的团体，经

常不呆在家里，有事更愿意跟朋友、而不是跟成人商量。常听这个年龄孩子的父母说："没错，没有一个半大孩子把家长放在眼里。"一位在大学教书的父亲对儿子说："你最好看看大学生们是如何目不转睛地看着我的嘴，生怕漏掉一个字，而你……"

半大孩子经常不再听父母的话，由此可能产生危险的后果。为了避免麻烦，家长要特别慎用禁止的方式，例如"不要和某某交朋友"，"不要去"，"不要穿什么"，"不要参与什么"……

孩子肯定把这些禁止看做对他在团体中地位的威胁而不予接受。对他来说最可怕的事是成为"与众不同的人"或被嘲笑的对象，被同伴们讨厌或排斥。如果在天秤的一边是他在孩子们中的地位，另一边是家长的"不许"，那么天秤多半会向前者倾斜。

有时我们做父母的需要有特别的耐心和宽容，甚至要懂点哲理，这有助于我们接受少年的流行时尚、时髦的用词用语、难以忍受的音乐、怪诞的发型和看不惯的装饰、过短的裙子或有很多破洞的牛仔裤。

少年的流行时尚就像风车，有的孩子抓在手里，或严肃或起哄似的追一阵风，而过两年再回头看看，他们自己都会觉得好

笑。父母千万不要在这个阶段跟儿女较劲，这不仅不会使孩子屈服，反而会彻底失去彼此间的沟通与信任。

那么，父母除了耐心和接受不可避免的"风车"还可以做什么呢？我认为可以做很多，最重要的是继续充当共同的、恒常的价值体现者和传承者：诚实、勤奋、高尚、尊重他人的人格。您会发现，这些品质中有很多您不仅可以同正在长大的孩子讨论，而且可以体现在与他的相互关系中，而这是他正在内心深处寻求并希望从您那里得到的最珍贵的礼物！

第 4 条原则

> 大人之间对于规矩（限制，要求，禁止）要态度一致。

妈妈、爸爸、奶奶各执己见的情况您可能非常熟悉，下面就是一个例子。

莲娜买了一双漂亮的漆皮鞋，第二天早上，她正穿衣服准备去上幼儿园。

莲娜：我要穿新皮鞋。

妈妈：不行，莲娜，这双鞋是过节和做客的时候穿的。

莲娜：不，我想穿，我想今天穿！（抽抽搭搭地哭起来）

爸爸：别伤心，我们想想办法。你去跟妈妈说：就穿一次是不是可以？

妈妈：不，我不同意。应该让孩子知道爱惜贵重的东西！

莲娜（哭得厉害起来）：那我就不上幼儿园了！

（奶奶走过来）

奶奶：又怎么了？一大清早你们就惹孩子不高兴?！来，丫头，告诉我谁惹你了。啊，皮鞋？今天我就给你再买一双，你想什么时候穿就什么时候穿。

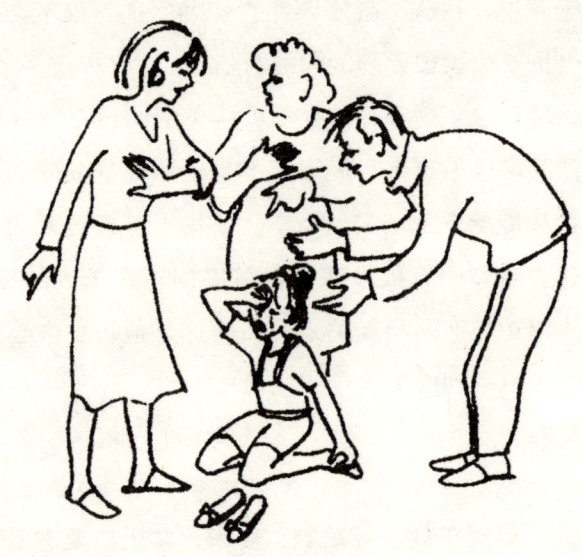

如果这样的话,孩子无从了解规矩,无法习惯于守规矩。他会习惯于通过"分化"家长来达到自己的目的,而大人之间也会因此闹矛盾。

即使一个家长不同意另一个家长的要求,这个时候也最好不要说话,等到过后,当孩子不在场的时候,再去讨论成人之间的分歧并设法达成一致。

守规矩要有连贯性,这也很重要。如果您的孩子连续两天都不是在9点、而是10点钟才上床睡觉,那么第三天就很难让他按时上床。他会理直气壮地说,昨天和前天都"允许"他晚睡了。

要记住,孩子总是在试探我们的要求"坚决不坚决",通常只会遵守那些不可动摇的要求,否则就会习惯于争执、哭闹、要挟。

第5条原则

最好用友好、解释的语气,而不是命令的语气。

第 9 课　立规矩与守规矩

对孩子来说，禁止他想做的事情，他会很难过；如果使用生气或命令的语气，他就会加倍难过。

我们已经说过，如果孩子问"为什么不许?"家长不要回答说"因为我说了"，"我不让"，"不行就是不行"……需要简短地解释说"已经很晚了"，"这很危险"，"可能会摔着"……

解释应当简短并重复一次。如果孩子又问："为什么?"那么这不是因为他不明白，而是因为他很难克制自己的愿望。这时您可以用已经学过的那些方法，如积极倾听，会有助于问题的解决。而命令和"第二人称表述"会加重孩子的抗拒心理。

讲规矩的时候最好使用无人称的形式。例如，最好说"火柴不能玩"，而不是说"不许玩火柴"；最好说"糖是饭后吃的"，而不是说"马上把糖放回去"；最好说"猫长尾巴可不是为了让人揪"，而不是说"别折腾猫了"！

一起来看看两个妈妈和孩子们谈话的例子，第一段谈话是不成功的，第二段谈话是成功的。

孩子们玩得正起劲。

妈妈：好了，别玩了！（命令）

儿子：为什么，为什么不能玩儿了？

妈妈：你很明白为什么，你们该去睡觉了。（第二人称命令式）

女儿：怎么，已经该睡觉了吗？

妈妈：没错，是得睡觉了。别对付！（命令）

妈妈说着把玩具收起来，孩子们感到很不开心，很生气。

如果妈妈从第一句话就换种语气，谈话的效果就会好得多。

妈妈：孩子们，该收起来了！（无人称形式）

儿子：为什么，为什么不能玩了？

妈妈：到了上床睡觉的时间了。（无人称形式）

女儿：怎么，已经该睡觉了吗？

妈妈：我看，游戏很有意思，你们不愿意停下来。（积极倾听）

女儿：对，很有意思！你看，我们就剩最后两步了！

妈妈：好吧，两步不多，就这么定了。

两个孩子：好，好，然后我们自己收拾。

您看，在此妈妈保持了友好的语气并让孩子们明白，她理解他们，规矩并未因此而受损；相反，孩子们主动承担起了游戏结束后收拾玩具的责任。

如果事先想到孩子在完成要求时可能遇到的困难并提前跟他商讨，是很有好处的。例如，如果已经知道一个好看的电影很晚才会放完，而孩子很想"哪怕只看开头"，那么应当让他预先做好思想准备，电影只能看到一半。同时可以给他提出其他可供选择的可能性，如在睡觉前玩一会儿有趣的游戏或念一段书。如果他还是选择"难啃的"方案，那么一定要认真监督，以使约定得到落实，孩子按时睡觉。

在约好的时间到来前5分钟提示他会对他很有帮助。这样您更像是帮孩子兑现承诺的助手，而不是一个令人厌烦的"警察"。而他也会又获得一次在不发生冲突的情况下守规矩的小小经验。

惩　罚

　　谈规矩就不可避免地要说到惩罚。如果不管您怎么绞尽脑汁，孩子就是不肯服从，该怎么办？

　　首先我要向您保证，如果能遵守上述五条关于规矩的规则以及我们在前面八课所讲的所有原则，那么您的孩子不听话的次数即使不能降至为零，也会减少数倍。

　　尽管如此，谁都不能保证不会发生争执，有些时候您还要对明显的不良行为做好心理准备。

　　关于体罚有很多争论。我个人明确反对体罚。体罚是对孩子的侮辱，会使他怀恨在心；吓唬他，使他的自尊受到伤害。体罚的消极效果要大于积极效果。唯一一种不会引起争议的肢体行为是在孩子情绪失控的时候将他制服。

　　我曾亲见这样的场面。事情发生在美国。13岁的约翰在家门口坐在汽车里等妈妈时，把车发动起来。车挂着挡（他没有注意到这个），结果一下子冲出去，撞倒了栅栏，又撞在一棵树上。这一切都发生得非常突然，就在一眨眼之间！

　　孩子满脸通红，全身发抖，从车里跳出来飞奔进家，口中不住叨念："我做了什么啊！""我做了什么啊！"他的妹妹从窗户看到了发生的一切，迎面责备了他一句，结果被他一把推倒在地。

　　妈妈听到他的叫喊跑出来，看到约翰的状况，马上抓住他的胳膊，用力把他按到沙发上。

　　"放开我！"约翰喊道。

　　"不放，"母亲坚决地说，"我会一直抓住你，直到你镇静下来。"

　　"不行，放开，"约翰挣扎着，"你没有权利！这是暴力！"

　　"不，约翰，"母亲平静但威严地说，同时继续紧紧抓住他，

"现在我不能放开你,等你能控制自己了我就放开。现在你暂时控制不了。"

"可是你不知道我做了什么!"(此时妈妈已经从周围人的只言片语中明白发生了什么事)

"我知道,约翰。你撞坏了栅栏,把车也撞坏了。但这不是最主要的。对我来说现在最主要的是你要控制住自己。我不是惩罚你,我是帮助你恢复平静。等你平静下来,我们再谈车的事。"

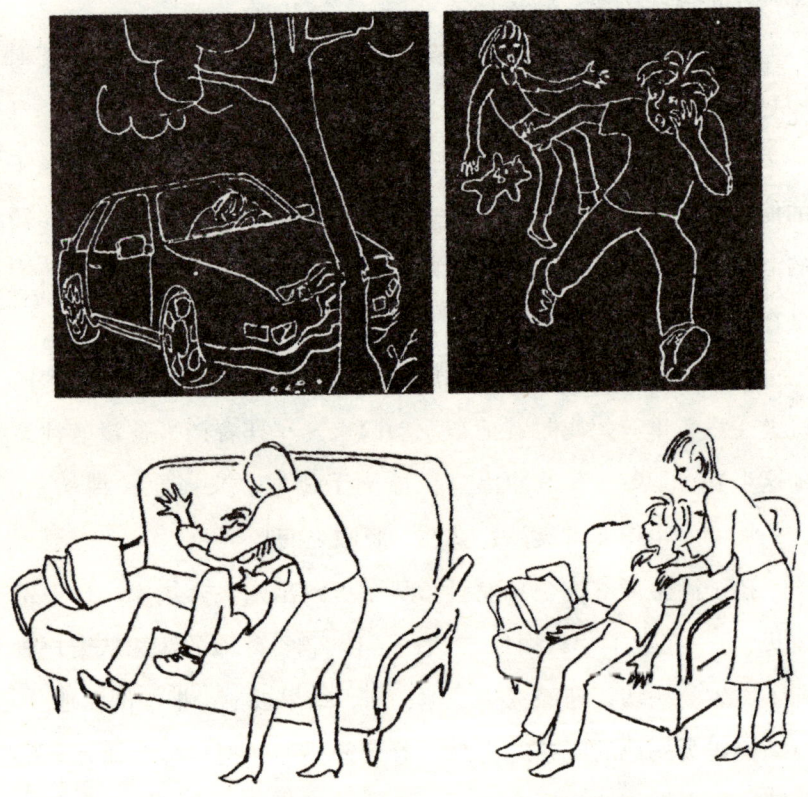

我承认,对于我来说这是印象深刻的一课,我看到一位母亲如何在孩子处于极端状态的情况下智慧地、合理地进行处置。

您会说,这根本不关惩罚什么事。不错,也许是这样。虽然在这种情况下,父母通常首先想到的就是惩罚。但在当时的情况下,约翰已经受到了惩罚——他闯的祸已经把他吓蒙了,而母亲认为自己的作用是帮助他从中吸收教训。

在此,我们又遇到了孩子行为造成不良后果的问题:容许这样的后果出现是否值得?过去我们说值得,因为可以让孩子们在错误中学习。现在我们可以补充一点:值得,为的是教育孩子尊重规矩。

不听话的自然后果和人为后果

不听话带来的自然后果是一种来自生活本身的惩罚。而且因为这时候孩子不能怨别人,只能怨自己,所以是一种很有教益的惩罚。

如果小宝宝被猫抓了,或是上学的孩子因为没有学会功课得了两分,他们可能这时才平生第一次明白家长为何要提出这样那样的要求,明白这种要求是生活中不可或缺的。

一次这样的教训抵得过十次谆谆教诲,况且我们不能随时在孩子可能"跌倒"的地方全都"铺上稻草"。但是随后,当他遭遇挫折的时候,我们可以给予他们很大的帮助。

在这个时候,积极倾听非常必要。我想提醒您,它可以帮助孩子独立从"事故"中得出结论。

虽然有时父母很想说:"我警告过你……""谁让你不听话,只能怨你自己"……但不应该这样做。首先,您的警告孩子记得很清楚;其次,他现在很难受,对任何明智的批评都听不进去;第三,他很难承认自己的错误,会跟您争辩。

第二种惩罚比较常见,这就是家长的惩罚。以警告开始("如果你不……就……"),以实行惩罚告终。例如:"如果你不停止说粗话,我就罚让你站墙角";"如果你不整理好房间,就不能出去玩"。

这样的惩罚叫做不听话的人为后果,因为它不是孩子的行为本身造成的，而是根据父母的裁决确定的。

惩罚最好从"正数"到"零"

怎么看待这一类惩罚呢？我想，使用这种惩罚是不可避免的。但是，在实行这种惩罚时，最好遵循一条很重要的原则。

第6条原则

> 惩罚孩子的方式最好是让他失去好东西，而不是给他坏东西。

换言之，惩罚的时候最好是从"正数"到"零"，不要从"零"到"负数"，而且"零"意味着你们之间关系的常态。

什么是"正"呢？

例如：家中的惯例是休息日父亲和儿子一起去钓鱼，或妈妈烤大家喜欢的馅饼，或者大家一起出去玩。

您当然知道，孩子们很喜欢这一类的家庭活动。当父母特别关注他们，和他们一起做有意思的事——这对于孩子来说是真正的节日。

但是如果孩子不听话或做了错事，这一天或者这一星期的"节日"就会被取消。

这是不是惩罚呢？当然是，而且是很明显的惩罚！而最重要的是，这种惩罚不是侮辱性的。孩子是很懂得公平的，所以当他们让父母难过或者生气，父母就不把自己的时间给他们，这是很公平的。

如果因为父母总是"没时间"，他们的教育总是限于要求、提意见或"负惩罚"，那么会怎么样呢？通常在这种情况下立规矩要难得多。但最重要的是，这样很可能会失去与孩子的沟通与

第9课 立规矩与守规矩

交流：因为这时必然出现彼此之间的不满，而且这种不满会日积月累，造成隔阂。

那么有效的办法是什么呢？大概已经很清楚了：要有一些大大小小的节日作为储备。请想出几件和孩子一起做的事或几种家庭活动，来建立快乐区。让其中的几种活动成为经常性的，让孩子期待，让他们知道如果不犯错误，这些活动就一定会照常进行。只有在孩子的确做了什么显然不好的行为，您真的很生气的时候，才可以把活动取消。但是不要因为一些小事就以取消相要挟。

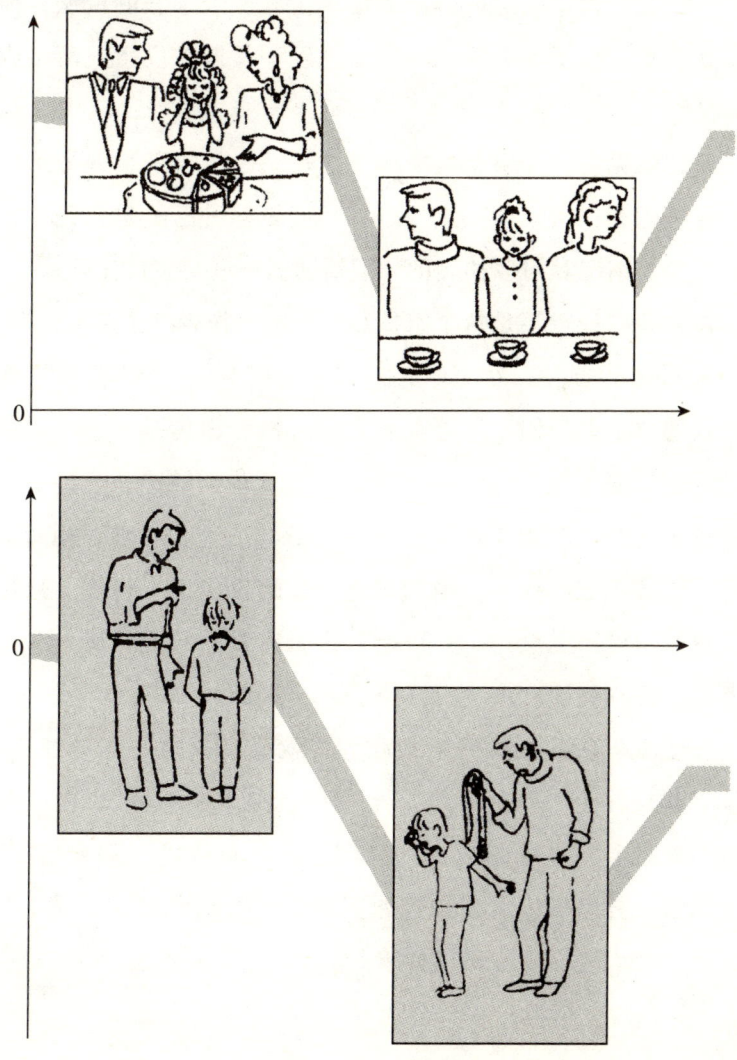

> **快乐区就是您和孩子生活中的"黄金储备"。**

它既是孩子的最近发展区,又是您与他友好沟通的基础和无冲突地立规矩的保证。

"管不了"的孩子

现在我们该来讨论最困难的情况了,按照家长的说法,他们管不了孩子,孩子不听话,闹别扭已经不是偶尔发生,而是成了家常便饭。

我的意见是:如果您的情况是这样——与孩子相处带给您更多的是忧虑和伤害,而不是快乐,甚至更糟,已经走投无路,请不要绝望。情况是可以扭转的,但需要做一些特别的工作。

首先我想说点不是每个家长乃至教育工作者都了解的情况。

人们总是指责那些不听话的孩子,特别是"管不了"的孩子。人们总是在他们身上寻找顽劣的天性和遗传基因,其实被视做"问题"孩子的往往不是坏孩子,而是特别敏感和容易受伤害的孩子。他们"不走正道"是由于生活的沉重和艰难,相对于那些心理比较稳定的孩子,他们对这一切的反应要早得多、强烈得多。由此可以得出结论:"问题"孩子需要的只是帮助——而绝对不是批评和惩罚。

孩子不听话的现象如果很顽固,就要到其内心深处找原因。表面看起来,他"就是不肯听话","就是不愿理解",其实另有原因,而且通常是情绪方面的原因,是非理性的。多数情况下,大人和孩子自己都没有意识到原因所在。由此可见,需要了解这些原因。我们现在就来做这件事。

顽固不听话的四个原因

心理学家归纳出导致孩子行为不端的四个原因。

第一个原因是争取关注。如果孩子没有得到其正常成长和快乐情绪（我们已经谈到过这个问题）所必需的足够的关注，那么他就会找到自己的办法来争取关注，这种办法就是：不听话。

这样父母就要经常放下自己的事情，来批评他……虽然令人不快，但反正得到了关注。哪怕是这样的关注也聊胜于无。

第二种原因是为自我肯定而斗争，以对抗父母过度的权威和保护。

大家都知道两岁孩子很爱说"我自己"，在整个童年阶段，这种要求一直保留着，到了少年时代变得特别强烈。孩子对针对这种要求的限制很敏感。如果父母总是通过发指令、提意见或不放心的形式来和他们沟通，他们就会觉得特别不爽。家长认为，他们可以借此培养孩子正确的习惯，训练他们遵守秩序，防止他们犯错误，总之——教育他们。

这是必须的，但问题在于，如何去做。如果意见和建议太频繁，指令和批评太激烈，而担心太过分，孩子就会反抗。

教育者常遇到孩子倔强、任性、对着干的情况。对于孩子来说，这样做的意义在于捍卫自己的权利——自己的事情自己决定，彰显自己的个性。就算他做的决定有时不太成功甚至是错误的也无妨，因为这是自己的决定，这一点至关重要！

第三个原因是想报复。孩子们经常生家长的气，原因可能千差万别：父母更疼爱年幼的孩子；父母离异，家里出现了继父；

孩子被从家里带走（去住院，送到奶奶家）；父母经常吵架……

一些个别事件也可以成为生气的理由：严厉的批评、承诺没有兑现、欠公正的惩罚。

在这种情况下，孩子内心同样感到难过甚至痛苦，而表现还是反抗、不听话、学习落后。

"坏"行为的意思此时可以这样表述："你们让我难受，我也让你们难受！……"

最后，第四个原因是对自己的成功失去信心。

有时，孩子在生活的某一方面不如意，在其他毫不相干的方面也会受挫。例如，一个男孩子和班上同学关系紧张而导致荒废功课，或是因为在学校成绩不好而在家表现出挑衅行为等等。

发生类似的"挫折转移"是因为孩子的自我评价过低。由于积累了很多挫折的痛苦体验，受到了很多批评，他完全失去了自信。他得出结论说："努力没有用，反正什么都做不好。"这是内心的状态，而在行动上就表现为"我无所谓"，"不好就不好"，

"我就要做坏孩子"！

您得承认，问题孩子的诉求是完全正当合理的，它们表达了一种自然的愿望：他们需要得到父母的温暖和关爱，要求自己的个性得到承认和尊重，希望能够受到公平对待，渴望成功。"难管教的"孩子的问题首先是因为这些愿望无法实现而痛苦；其次，他们试图弥补这种缺憾，但使用的办法却毫无用处。

他们为什么这么"糊涂"呢？因为他们不知道还有其他的办法。因此孩子所有的不端行为都是请求帮助的信号。他在用自己的行为告诉我们："我有困难，帮帮我！"

父母能否帮助他呢？实践证明，完全可以。只不过为此需要搞清楚不听话的深层原因。先要判断一下，四种情绪问题中的哪一种妨碍他的正常生活，然后您应该相应地采取不同的措施。

乍看起来，查清原因并非易事。因为外在表现大同小异，而内在原因却千差万别。例如，学习不好可能是因为想引起注意，也可能是因为不想屈从别人的意志，还可能是想"报复"家长，或是因为失去了自信。

查清原因其实很容易

事实上，弄清不听话和行为不端的真实原因相当容易，尽管这个方法看起来可能有点不可思议：家长应当关注自己的感觉。

仔细观察一下，当孩子不听话、不服从的现象反复出现时，您自己会出现什么样的情绪反应。原因不同，反应也不同。有这样一个惊人的事实：父母的感觉是反映孩子潜在的情绪问题的一面特殊镜子。

让我们看看，家长的感受与上述四个原因的对应关系。

如果孩子是为了争取关注经常用不听话或越轨的行为惹家长

烦恼，那么家长就会气愤。

如果顽固地不听话的潜在原因是反抗家长的意志，那么家长就会愤怒。

如果潜在的原因是报复，那么父母相应的感觉是委屈。

最后，如果孩子在内心深处为自己的失败而痛苦，父母会灰心，有时是绝望。

您看，在不同的情况下，家长的感觉是不同的，这样就可以完全搞清楚，您的情况是属于哪一种。

那么下一步怎么办？这当然是一个关键的问题。

第一个答案可以概括为：尽量不要以常见的方式，也就是孩子预期的方式作出反应。

因为这样做会让大人陷入无路可走的窘境。大人越是不满，孩子越认为他的所作所为达到了目的，于是他就会更起劲地重复类似的行为。

所以，家长的任务是：对孩子不听话的行为不再作出和以前一样的反应，从而突破窘境。

四种不同策略

当然，做到这一点不容易。情绪不易控制，几乎总是自动爆发的，特别是在冲突已经是根深蒂固、"冰冻三尺"的情况下。但沟通的方式还是可以改变的！即使不能控制住情绪，至少可以组织伴随而来的那些批评和惩罚。如果您随后能够马上弄清楚自己的感觉，那么就不难搞清孩子的问题：他在跟什么"斗争"、为争取什么而"战斗"。而此后从纠正过渡到帮助者就容易得多了。

当然，根据不同的情况，应当给予不同的帮助。

如果是争取关注，那么就务必找到某种方式来给予孩子正面的关注。最好找一个比较平静的时候，当彼此都没有惹对方不高兴，都没有生对方气的时候来做这件事。您已经知道该怎么做了：想出一些一起做的活动、游戏或出去玩。只要试一试您就会看到，您的孩子会对您不胜感激。

至于不听话，在这一阶段最好不去理会。过一段时间孩子会发现，不听话不管用，而且，由于您的正面关注，也没有这么做的必要了。

如果冲突的原因是争取自我肯定，那么应该减少对孩子所做的事情的监督。我们已经不止一次地讲过，通过独立的决定甚至挫折积累的经验对孩子来说至关重要。

在改善关系的过渡时期，最好暂且不提那些您认为孩子多半不会执行的要求，相反，"微调法"却非常管用：您对他作出的决定不提出异议，而是和他商量有关执行的细节和条件。但要避免采取过分强制的手段，最重要的是理解：孩子的执拗和任性只是以一种使您恼火的方式在请求："让我拥有自己的生活吧！"

如果您觉得委屈，那么要问一问自己：为什么孩子会伤您的心？他自己有什么痛楚？您在什么事情上伤害过他或是经常伤害他？搞清楚原因后，自然要尽量地消除。

最棘手的情况是家长陷于绝望，孩子对自己的能力失去信心。在这种情况下，聪明的家长应该停止要求孩子做"该做的"事。要把自己的期待和要求"归零"。一定有些事情是您的孩子可以做，甚至很有能力做的。但他暂时就是眼前这个样子。找一些适合他的能力水平的任务，这是你们前进的出发点。和他一起共同组织行动，因为他自己无法走出困境。

> **同时不可以对他提出任何批评！**

第9课 立规矩与守规矩

Box 9–1

"你试试看！……"

有些家长认为，对孩子越严厉越好。让我们来看一看是不是这样，"拧螺丝"的策略是否能让孩子守规矩。

在一项实验中，人们向一些四五岁的孩子展示了一个很昂贵、很有意思的遥控机器人。大人离开房间时警告他们不许他们玩机器人。

这个禁令对一半孩子是用强硬的语气说出的，并伴随有严厉的威吓；对另一半的孩子则是用比较柔和，但同样完全清楚的语气说出的。

两组孩子都做到了服从要求，大人不在时没有走到机器人跟前。

几个星期后，孩子们又来到了那个游戏室。另一个老师带他们，根本就没有提起上次的要求。老师很快离开了房间：那么现在孩子们会怎么对待机器人呢？心理学家非常感兴趣。

结果，第一组，也就是被用严厉语气禁止的那一组，18个孩子中有14个马上开始玩机器人。相反，第二组只有三分之一的孩子走到机器人跟前。

心理学家认为，第二组孩子的行为可以这样解释：不去动玩具的决定已经成为他们自觉的决定。大人提出的要求由于其语气柔和而转化为孩子们内在的行为准则，他们在第二次仍然执行这一准则。

通过这个实验和诸如此类的研究可以得出这样一个实践经验：如果您想让孩子学会守规矩，就要让他有机会自己决定做正确的行为，要给他留出一些"空间"，让他感到其中有他自己决定的成分。

要让他成为制定规矩的参与者，让他心悦诚服地执行规矩。如果您这样做，您实际上就是在立规矩的问题上也运用了"最近发展区"规律的魔力（参看第3课）。

至于"拧螺丝"的策略，它总是会导致相反的结果：孩子会反抗，一有机会就破坏规则。

要找一切理由来表扬他，祝贺所有的、哪怕是很小的成功。要尽量为他保驾护航，使他避免遭受严重的失败。最好和老师谈一谈，尝试让他们和您携手来帮助孩子。您会看到，只要取得一些成绩，您的孩子就会振作起来。

路漫漫其修远兮

最后再提几点补充意见。不必期待您在家中营造和睦气氛订立规矩的努力马上就可以取得成效。"路漫漫其修远兮"，您要有相当大的耐心。您大概已经发现：最重要的是努力将自己的消极情绪（生气、愤怒、伤心、绝望）转化为积极的行动。是的，从某种意义上讲，需要改变自己，但这是教育"难管教的"孩子的唯一途径。

在本书的第二部分您会看到一个帮助"问题少年"的真实故事。

最后，还有一点很重要：最初，当您开始尝试改善相互关系时，孩子的坏行为可能变本加厉！他不会很快相信您的真心诚意，会考验您。所以您必须经受住这个严峻的考验。

第10课 情绪"罐子"

恶劣情绪的产生原因

☺

"痛苦"是因为要求没有得到满足

☺

孩子期待大人的认可

☺

父母决定孩子的自我评价

☺

融会贯通

☺

十大育儿法则

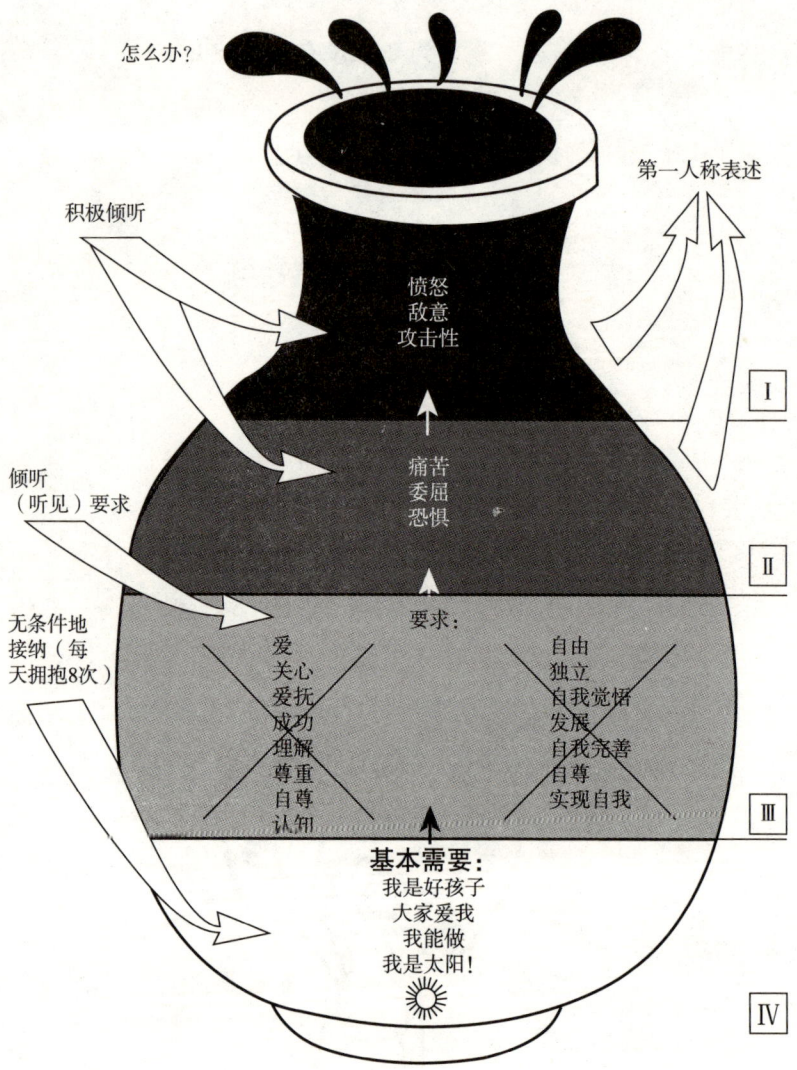

第 10 课　情绪"罐子"

在前面几课中，我们借助于"杯子"讲了孩子和父母的感受。我们把平静的状态比做空杯子，把强烈的不安、委屈、愤怒和高兴等情绪比做满的、甚至溢出来的杯子。

恶劣情绪的产生原因

现在我们来进一步分析造成各种情绪的原因。在这最后一课我们还将回顾以前学过的很多内容，并对它们作出总结。最后我们再回过头来回答父母最关心的问题："怎么办？"

让我们从最令人不快的情绪——愤怒、敌意、攻击性开始。这些情绪可以称为"破坏性的"，因为它们既会破坏一个人自己的身心健康，也会破坏他与其他人的关系，会随时引起冲突，有时会造成物质上的损失甚至导致战争。

还是用"容器"来描述我们的情绪。这一次是采用罐子的形象（见图 10.1）①。我们把愤怒、敌意、攻击性放在它的最上层，进而展示这些情绪如何表现为人的外部行为，这就是所有那些为我们大家所熟悉的咒骂和辱骂、争吵和打架、惩罚、故意作对等等。

现在我们要问，怒火从何而来？心理学家对此的回答有点出人意料：愤怒是一种次生情绪，它产生于一些完全不同类型的情绪，如痛苦、恐惧、委屈。

让我们举几个例子。其中的一个我们已经讨论过了：女儿回家很晚，一到家就遭到母亲愤怒的指责。愤怒背后是什么？当然是因为她为女儿担惊受怕了。

孩子生医生的气，因为他给他打针了。在此很容易看出，愤怒来自身体的痛苦。有时候是我们在教孩子生气，例如当他们被碰疼的时候，让他们"打这讨厌的椅子"。

---

① 我们在此对 V. 萨提亚的"罐子"理论做了一些改造。

哥哥经常攻击在他看来受父母"偏爱"的弟弟,他的攻击性来源于说不出的痛苦和委屈。

女儿不愿意……(做功课、洗碗、去睡觉),于是您很生气。为什么?多半是由于您教育的努力无效,因此感到懊恼。

因此，我们可以把痛苦、委屈、恐惧、懊恼等放在愤怒和攻击性之下，看做这些破坏性情绪的原因（在"罐子"的第二层）。

我们会发现，这第二层的所有感受都是痛苦的：每种感受中都或多或少有痛苦的成分，因此很难说出口。人们一般会对这些感受闭口不谈，藏在心里。为什么？通常是怕丢脸、怕示弱于人。有时人们自己都没怎么意识到这些感受。（"我就是想发作，为什么——不知道！"）

人们经常从小就学会把委屈和痛苦深藏心底。例如，您一定不止一次地听到父亲训斥儿子："别嚎了，最好学会回击！"

我补充一句，这个看起来似乎"无伤大雅"的建议开了个头，如果沿着此路一直走下去的话，孩子就会树立"以牙还牙"的观念。

"痛苦"是因为要求没有得到满足

我们回过头来看结构图，回答一个问题：为什么会产生这些"痛苦的"感受？心理学家给出了一个肯定的答案：痛苦、恐惧、委屈产生的原因是——要求没有得到满足。

这样，我们就回到了人（包括孩子）的要求这个题目上来了。

每个人，无论什么年龄，都需要食物、睡眠、温暖、人身安全等等。这就是所谓的有限要求。它们是显而易见的，这些我们现在不打算多说。

我们主要讲的是和沟通有关，从更广泛的意义来讲，是和群体中的个人生活相关的要求。

以下列举的是参加我们讲座的学员自己通常会提到的一些（远非全部）要求。

一个人需要：别人爱他、理解他、承认他、尊重他；有人需要他、与他感情亲近；在事业、学习、工作中获得成功；可以实现自我价值、发展自己的能力、自我完善、自我肯定。

如果一个国家没有发生经济危机乃至战争，那么一般来说，有限要求是可以多多少少地得到满足的。至于上面列举的这些需要能否实现则要碰运气！

尽管经历了几千年的文化发展，人类社会还是没有学会保证每个社会成员拥有健康的心理（更不用说幸福了！）。而这确实是项艰巨的任务。因为人的幸福感取决于他成长、生活和工作的环境的心理气候，还取决于在童年时代积累的情感储备。而心理气候与情感储备又取决于沟通方式，首先是父母与孩子的沟通方式。

很遗憾，我们没有沟通方面的必修课，这种课刚刚开始出现，而且是自选课。

所以，我们列出的每一种要求都可能得不到满足，而这，正如我们已经讲过的，会导致痛苦，还可能导致"破坏性的"情绪的产生。

我们举个例子。

假设一个人很不走运，接二连三地受挫，也就是说，他对于成功、得到承认，可能还有自尊的要求都得不到满足。最终他可能对自己的能力彻底绝望或陷入抑郁，或产生怨恨和愤怒，怨天尤人。

每一种消极感受都是如此：我们在其背后总是能找到某种没有实现的要求。

孩子期待大人的认可

我们再回到结构图，看一看"要求"的下一层是不是还有什么？我们看到：有！

第10课 情绪"罐子"

有时,我们在遇到朋友的时候会问:"你怎么样?""过得好吗?""你幸福吗?"……我们得到的回答是:"你知道我是不走运的人"或者"我一切都好,我蛮不错!"……

这两种回答反映了人的一种特殊的感受:对自己的态度,对自己的鉴定。

不错,类似的态度和结论可以随着生活状态的改变而改变,但它们有一个"公分母",决定我们每个人倾向于乐观或悲观,比较自信或不自信,也就是面对命运的打击比较顽强还是比较脆弱。

心理学家对类似的自我感觉做了很多研究。他们用不同的名称来表示这种感觉:自我感觉、自我形象、自我估价,最常用的是——自我评价。可能 V. 萨提亚想出的是最恰当的表述,她把这种很复杂、难以言传的感觉称为自我价值感。

科学家们发现和证明了几个重要的事实。首先,他们发现,自我评价(我们姑且使用这个比较习惯的说法)对人的生活和命运会产生强烈的影响。所以,自我评价低的孩子就不能充分发展其能力,学习比较差,和同龄人及老师的关系有问题,成年后生活不太成功。

另一个重要的事实是，自我评价的基础是在很早的时候，在孩子人生的最初几年奠定的，是由父母对他的态度决定的。如果他们理解他、接纳他，对他的"缺点"和过错有耐心，他就会抱着肯定自己的态度长大。如果孩子总是被"教训"、批评、严加管教，他的自我评价就会偏低，不完善。

道理非常简单：

在童年时代，我们只能从亲人对我们说的话中通过他们对我们的态度认识自己。

小孩子不会内视。他的自我形象是建立在外界对他反馈之上的：别人怎么看他，那他早晚就会那么看自己。

但是孩子在这个过程中并不是消极的。在此还有另一条所有生物遵循的规律：积极地争取生存机会。

对自己的正面评价是心理生存的基础，孩子总是会寻求它，甚至为它而斗争。

他期待我们肯定他是好孩子，大家都爱他，他可以做力所能及的（甚至有点难的）事情。我们把这作为孩子乃至每个人的基本需要写下来（见结构图中第四层）。

我们看看这些要求如何体现在孩子的日常生活中。

比如，家长在火头上脱口而出："你是坏孩子！"孩子跳着脚喊道："不对，我是好孩子！" 3岁的女孩看到奶奶脸色不好，就对奶奶说："你说：小兔子！"在他们家里"小兔子"意为："你是我的好孩子"，在气氛紧张的时候孩子必须要得到这个对爱的肯定。

不管孩子做什么，他都需要我们对他的成绩有所认可。

第 10 课 情绪"罐子"

每个人都经常看到婴儿总是用目光和全部表情（当他还不会说话的时候），而后直接用语言发出请求："看我做的！""看，我已经会了！"从 2 岁开始说那句经典的"我自己！"——他在要求你承认他会做这个！

我们把自然赋予我们的"至宝"——对生命力的感觉——放在罐底。我们把它描绘为小太阳，表述为："是我！""请看，这是我！"或者用更热烈地说法："天啊，这是我！"

它与其他的基础要求一起构成最初的、还不太成形的自我感觉。这是孩子能真正感觉到的某种内心的安适或不安适。这一点

175

只要看看他如何迎接新的一天——是微笑还是啼哭——就知道了。

父母决定孩子的自我评价

这种自我感觉的后续发展是很强劲的，有时甚至是戏剧性的。虽然孩子一出生就为自己的"小太阳"而斗争，但他的力量终归是有限的，而他的年龄越小，也就越受父母的左右。

再强调一次：

我们针对孩子所做的一切：言行、语调、手势、皱眉甚至沉默，都不仅在向孩子表达自己、自己的状况，而且总是、并往往主要是在告诉孩子他是个什么样的孩子以及他的状况。

如果总能跟他热情地问候，称赞他，爱他，不断传递出接纳他的信号，孩子就会产生这样的感觉："我一切正常"，"我很好"，而类似指责、不满、批评这样的信号则会使孩子产生"我有点问题"，"我不好"的感觉。

让我们试着用放大镜观察一下小宝宝在通常状况下的感受。

第10课 情绪"罐子"

为此我引用一段一个儿童心理学家讲的故事：

一个周岁孩子的父亲来我这里咨询，交谈中他讲到这样一件事：他的11个月大的儿子被安置在婴儿床里，床边是一张桌子。宝宝不知怎么翻过床栏杆爬到了桌子上，父亲进屋的时候正好看见。孩子四肢着地，高兴得不得了，而爸爸吓坏了。他跑过去一把把宝宝抱起来放回床上，并且伸出一个手指吓唬他。孩子伤心地大哭，很久都不能平静下来。

我建议这位父亲——心理学家接着说——试着设身处地，想象自己是11个月大的孩子。"现在，你这个小宝宝一辈子第一次（！）付出了英勇的努力，从让人厌烦的小床里爬出来，来到一个崭新的地方。您会有什么感觉？"父亲回答："快乐，骄傲，得意。""现在，"我继续说，"请想象一下，来了一个很亲的人，你的爸爸，你请他分享你的快乐，可是他没有这样做，却生气地惩罚你，而你完全不知道为什么！"

"天哪，"父亲抱住头，说道，"我做了什么呀，可怜的孩子！"

这个例子当然不是说不要防止孩子从桌子上摔下来。它告诉我们的是，当我们保护孩子和教育孩子的时候，应该考虑到我们正在向他发出什么样的关于他的信息。

孩子经常把惩罚当做这样的信息："你不好！"把对错误的批评当做"你不行"，把忽视当做"你跟我没关系"甚至"不爱你"。

孩子的心理感受在日积月累，孩子越小，我们对他们施加的影响越难以消除。所幸，一般父母对小小孩比较温存、关心，尽管也难免在他们身上犯错误，就像上面所举的例子。但随着孩子年龄的增长，"教育"这根弦开始越绷越紧，有时我们会不再注意在孩子自我评价的"宝库"中储存了些什么，是温情、接纳和赞扬所赠与的快乐光明，还是呵斥、批评和惩罚造成的沉甸甸的重负。

下面两个例子说明，对于接纳孩子或不接纳会对他以后的人生产生何等重要的影响。

第一个例子来自我与一位杰出女性的私交，她是三个孩子的母亲，我有幸和她相处了几个月的时间。这是一个极其善良、慷慨的人。她很高兴和人们分享自己拥有的一切，总能找到理由送别人礼物，总会出钱出力帮助别人。但最令人印象深刻的是她的内心非常慷慨。在别人消沉痛苦的时候，她总能好言安慰，给他

第 10 课 情绪"罐子"

们温暖的微笑,而在紧要关头则总能找到明智的解决方法。只要有她,问题就会变得简单,氛围就会更加宜人。她的这种天分征服了所有和她打交道的人。

有一次我直截了当地问她:"你为什么那么善良、慷慨?"我得到了这样的回答:"很简单。我还在母亲肚子里时就完全肯定地知道她非常爱我,非常盼望我的到来。来到人世以后,我始终能感受到妈妈和爸爸对我的爱,我对他们很宝贵。现在我只是把从我父母那里得到的东西还给世界。"

不用说,现在,她那已经年迈的母亲自然受到了她无微不至的关怀。

另一个,很遗憾,也是真实的例子。

这个女孩 15 岁,她和母亲的关系几乎破裂,每天和一些不三不四的人在"大门洞"里混。

这个女孩四五岁时,她会经常走到墙边用力以头撞墙。妈妈问:"你干什么呢?别撞了!"她回答说:"不,我就撞!我要惩罚自己,因为我不好!"

这件事令人震惊。这个孩子不到 5 岁就已经不觉得自己好了。父母本来可以通过关心与呵护来告诉她,她是个好孩子,但家里的状况却糟得多：父亲总是喝酒，钱不够花，家里又添了第二个孩子……心烦的母亲经常向大女儿发脾气。做"好孩子"的基本要求促使她寻找"纠正"自己的途径。但她只知道一个所谓的纠正办法——惩罚，却完全不知道，这是一条死路！

惩罚，特别是孩子的自我惩罚，只会增强他的挫折感和不幸感，最后使他得出这样的结论："坏孩子，无所谓，我就坏下去！"这种挑衅心理的背后深藏着绝望的痛苦。

我们是否总是能听到这种绝望的呐喊呢？

现实表明，远远不能。我们继续惩罚和批评陷于绝望的孩子，然后家庭和学校把他们拒之门外。（参看 Box10－1）

融会贯通

现在我们可以通过情绪"罐子"来更好地理解，在每种具体的情况中您所遇到的是哪一级的问题。同时我们要对前面所学的所有内容加以复习总结，来回答"怎么办？"的问题。

1. 孩子生妈妈的气了："你不是好妈妈，我不爱你！"

我们已经知道，他的愤怒背后藏着痛苦、委屈等等（在我们图的第一、二层）。在这种情况下对他最好积极倾听，猜出并说出他的"痛苦"感受。

不宜对他加以谴责或惩罚，那样只能加深他的（还有您的）负面情绪。

而教育的话最好留到双方已经平静下来、而您的语气已经变得友好时。

2. "你很痛苦"……

如果孩子明显地因为疼痛、委屈、害怕而痛苦，那么积极倾听是不可替代的方法。这种方法就是直接针对图中第二层的感受的。

— Box 10-1 —

"走开，你是差生"

一位心理学家对在一、二年级就被看做"好学生"或"差学生"的孩子在学校的生存状况进行了研究。

这位心理学家经常到莫斯科的一所普通学校的一、二年级做调查。他告诉老师，他要观察孩子们的行为，然后不出声地坐在后排。实际上他感兴趣的是老师对"好学生"和"差学生"提问的次数和方式（为此他在每个年级的每个班选了3-4名学生）。

得到的数字令人震惊。每个"优秀生"每天平均得到23次的赞扬，如"非常好"，"大家要向他学"，"我知道你全学会了"，"很好，跟每次一样"……负面评价只有1-2次。

而"差学生"则完全相反：每天平均被批评25次（"又是你！""你什么时候才能改！""根本不是那么回事！""简直不知道拿你怎么办！"），而正面的或中性的评价只得到0-1次。

这种态度也传染给了他们的同学。

孩子们课间一般会围着这个心理学家，亲切地和他说话。他们向他表示好感，尽量靠近他，挨着他，抓住他的手，有时甚至每人抓住他的一根手指。当"差学生"靠近这个密密匝匝的人墙时，孩子们就会驱赶他：

"走开，不许你过来。你是差学生！"

请设身处地地替这个孩子想想。您每天从您尊崇敬重的人嘴里听到25次批评，而且如此日复一日，月复一月，年复一年！而在课间休息时同龄人或同事又对您加以排斥。您会怎样？您怎么活下去呢？

至于孩子怎么"活下去"，看看未成年人犯罪的研究结果就一目了然。98%的少年犯是从一、二年级就不被同龄人和老师接纳的！

（材料来自金达斯·瓦利茨卡斯的论文）

如果父母也有这些感受的话，那么最好用"第一人称表述"说出来。

不过同时很重要的一点是，如果孩子的"杯子"也是满的，那么他可能听不见您的话，您要先倾听他。

3．他缺少什么？

如果孩子反复因为同样的原因感到不满或痛苦，如果他经常抱怨、求大人跟他玩、给他读故事，或相反，总是不听话、打架、骂人……其原因很可能是他的某种要求（图中的第三层）没有得到满足。他可能缺少您的关心或相反，缺少自由和独立的感觉；他也可能因为在学校学习不佳、成绩糟糕而难受。

在这种情况下只是积极倾听是不够的。不错，可以从积极倾听开始，但随后要尽量进一步了解您的孩子到底缺少什么。如果您多花些时间和他在一起，经常关注他的学习，或者相反，不再紧紧地盯着他，就可以给他切实的帮助。

前面我们已经说过，最有效的方法之一是创造一种不是与孩子的要求相违背，而是适应孩子要求的条件。

他想多活动，那么最好给他一个开放而有限的空间；他想研究水坑，那么可以给他穿上高腰靴；他想画大的图画，不妨再贴一层便宜的壁纸。

我想提醒您，顺水行舟比逆水行舟容易得多。

了解孩子的要求，接受它们并用行动配合它们就是最广义地积极倾听孩子。

随着父母越来越多地采用积极倾听的艺术，他们的这种能力也逐渐提高。

4．"你对我很宝贵，你的一切都会很好！"

越是接近示意图中的底层，与孩子沟通的方式对他的影响就越大。他只能通过大人，首先是通过父母知道他是好孩子，是他们的宝贝，他很能干或者他是个坏孩子，没人喜欢他，他将一事无成。

如果最深层——情感自我认知——是由负面感受构成的，孩子就会在生活的很多方面遭受挫折，他对于自己和周围人就会成为一个"有问题"的孩子。在这样的情况下就要付出更多的努力去帮助他。经常不得不从帮助孩子的父母开始，而这本书所讲的系统训练是其中特别有效的方法。

应当不断地支持孩子的自我评价或自我认识感，以免孩子心理失衡。

十大育儿法则

我们再来看一看，我们为此可以做些什么。

1. 无条件地接纳他。
2. 积极倾听他的感受和要求。
3. 和他一起（看书，做游戏，做事情）。
4. 不要干预他能胜任的事情。
5. 在他求助的时候帮助他。
6. 当孩子取得成绩时鼓励他。
7. 向他倾诉自己的感受（信任他）。
8. 建设性地解决冲突。
9. 在日常沟通中表达您对他的爱，如：

    跟你在一起我感觉很好。

    看见你我很高兴。

    太好了，你回来了。

    我喜欢你这样……

    我好想你啊。

    我们一起来（坐一会儿，做点什么……）

你肯定行。

我们有你这个宝贝真是太好了。

你真是我的好孩子。

10. 每天拥抱不少于4次,最好8次。

我们在教育孩子时难免会遇到不愉快,但这些不愉快总是可以克服的,它既不会冲淡我们对孩子的爱,也不会让我们的直觉变得模糊,这样我们就总能找到更多更好的与孩子沟通的方式。

祝您心情愉快,心想事成!

第二部分

关于一个"问题少年"的通信

第二部分 关于一个"问题少年"的通信

我们的讲座已经结束了，您可能已经在尝试着用不同的方式与您的孩子沟通了。在我们的讲座中，您有机会一课一课、一个练习一个练习地逐步推进，现在您该在日常生活中综合运用您学到的所有知识和技巧了。当然，这并非易事：您在上班、做饭、承受现代生活种种压力的情况下，要一下子记住所有"正确的沟通方式"。

但让我们想一想，承受压力的不仅是我们，还有您的孩子。生活条件越是困难，我们和他们就越是需要情感支持。对于孩子来说，没有比父母更亲的人了；而对我们来说，还有谁比自己的孩子更亲呢？因此对于家庭来说，保持亲切的、互相支持的家庭关系是命运攸关的大事，为此努力是值得的。

我向您保证，在学习了我们的课程以后，您一定会找到走出心理困境的方法。当然，肯定有困难，也不是所有人都会进展顺利，但最重要的是要有知识，有改变的强烈愿望。知识您已经有了，我相信愿望也有。要记住，只有什么都不做的人才不会出错。您也会有"错误"，但这是带引号的"错误"，实际上这已经是在向着成功迈进了。

您当然知道，其他家长的经验非常宝贵，有时比专家的建议和理论还要宝贵。因此在征得一个13岁男孩（费加）外婆的同意后，我向您展示她写的几封"关于少年"的通信。这位外婆曾经听过我们的课，还读了两本关于"问题孩子"的书。因此当外孙来到她家的时候，她大概处于和您现在差不多的状态：已经有了知识，但还没有运用这些知识的经验。

我们先简单交代一下背景。

费加是四个孩子中的老大，家里最小的两个孩子是妈妈再婚以后生的。他家住在农村。乡下生活原本就很艰难，而近几年又要照顾两个小家伙。再加上费加很让人"头疼"。他与母亲和继父的关系出了很大的问题：他不肯学习，后来索性不去上学了；

在家里不肯帮大人干活,出言不逊,经常欺负妹妹,整天在外面游逛,有时晚上都不回家住。

父母用什么办法都管不了他,于是决定把他送到外婆这里来"调教调教"。

外婆在写给女儿女婿,也就是费加的母亲和继父的信中,讲了在她的家里发生的事情。

我想给信中的几个地方做些注释,这些地方都有标号,注释有助于把信中讲的事和我们讲座的内容联系起来,我希望,能够以此向您传递一些重要的补充信息。

您可以在这些信的后面看到这些注释。

信中的人物包括:安妮娅——费加的妈妈,季玛——费加的继父,维克多——写信的外婆的丈夫。

11月5日

安涅奇卡(安妮娅的昵称,编者注,下同),季玛,你们好!

我刚刚有时间给你们写信,前些日子真是一分钟空闲也没有,虽然这听起来难以置信。为费加操心,主要是为他的学习操心,把可怜的一点时间都占去了。

我知道,前几天费加给你们写了信,他把信读给我听了。很遗憾,信里没有写主要的事:最近10天内他有四分之一的时间没有去上学。虽然我想方设法,他还是这样。我想的办法是:我试着和他一块学功课。要是他不肯,就请他的朋友们来,和他们一块学(有一段时间这个办法有点作用,后来又不管用了:别人学,他不学)。我还去上课(主要是数学课),和他一起做题,还和他一起去补习班。

我起床以后7点钟把他叫醒,让他做昨天晚上不肯做的功课。我一个不落地和每个老师讨论他的"情况"。(1)

这一切都很艰难,伴随着彼此的不满,而我有时夜里还会失眠,感到无力和绝望。他就是不肯记笔记,"做功课"的第一步总是给同学打电话问"留什么作业了"?他常说什么作业都没有留,怎么也不肯做俄语作业,英语也不肯学。想让他补一下落下的那些课,比如分数,多做一些补充题,他坚决不干,总是得两分。

推石上山变得越来越难:山越来越陡,石头越来越重。有时我打开课本,找到题号,而费加却一扭脖子:"我不做。"学习就这么结束了,然后他就出去玩了。

我和维克多意识到,他和我们都不能再这样生活下去了。费加第一次不肯起床去上学的时候,维克多两次把他拽起来,用冷水给他洗了脸——可他又躺下了。接着几天我们不拉他了,他睡到11-12点才起床,晚上睡得很晚。(2)

这是大约10月25日之前的情况。我心急如焚,由于很想帮费加改变现状,可是我的火气、疲惫感和绝望感与日俱增。当他

第二部分 关于一个"问题少年"的通信

不再去上学,无处可去,"闷"在家里的时候,出现了暂时的宁静。在这样的气氛下,一些过去有所察觉,但由于学校的事情和担心忧虑而忽略的东西凸显出来。

有一次,我们相安无事,他说:"你知道,妈妈说,在莫斯

科会强迫我学习。"对我来说，这句话大概是解开谜底的关键。这个谜底大概就是，他打算证明"你们强迫不了"。对他来说，最重要的是证明给我们看，而由此造成的损失（留级、失去同学和朋友，乃至成为一个无知的人）都是次要的。

他来了一个半月以后才开始谈起谢列基诺和你们。昨天我在他睡觉前陪他躺了一会儿，他讲起了你们的房子，谁的房间在哪里，什么东西摆在哪里。他很神往地说起，从厨房的窗户可以看见马棚，随时可以知道是不是该饮马了。

然后费加摸黑画了张房子的平面图，今天早上又认真地重新画了一遍，添上了花坛，种土豆的菜地，温室，狗窝。

他睡着之前总感到害怕，每天晚上都怕关灯：我们把走道的灯开着，把他卧室的门敞着。有时他自己会把房间的灯打开，开着灯入睡。（3）

我们逐渐明白了：他很需要过去没有充分获得的温暖。当然，他也缺少关心，因为几年（甚至很多年）以来，你和他都生活在很困难的物质和心理状况之下。当然，这不是你的错，应该说这是你们共同的不幸。现在我想起，他那时是一个多么忠实和任劳任怨的帮手。我相信，当你心里难过的时候，他一定常常并深深地同情你，对你的痛苦感同身受，并一定曾努力减轻你的负担。

因为那个时候他是家里的男子汉……你想想，这一切对于一个孩子来说是多么的不容易！

最近十天我发现他有很多优秀的特质。（4）费加是个很敏感的孩子，对别人的处境很关注。我下班回家的时候，他经常主动问候："今天过得怎么样？"他去丹尼娅姨妈家，我给了他3卢布买花。他在一个格鲁吉亚人那儿买翠菊，那人要4个卢布，他砍价砍到3个卢布。格鲁吉亚人开玩笑说："得了，算你欠我的。"丹尼娅姨妈给了他2个卢布买小鱼，结果他在回来的路上就还给格鲁吉亚人 1 卢布。

前几天有人送给他一些模型,他马上开始装,干得很起劲,不怕困难,这说明他有毅力,有安排自己事情的能力,他说:"帆船模型得干上 4 天。"他让早点叫他,好在早上开始干。今天我们一起做了操。他对一切"非正规的"教育都很感兴趣。他对我们变得比较坦率了。开始时他就是不爱跟我们说话,特别是在有冲突的情况下,现在就是有了冲突,他也会"嘟囔"几句,而在平静的时候则比过去健谈多了。过去当我们因为做作业发生冲突的时候,他总是走到一边去自己玩儿:推小汽车,玩"左轮手枪"——把火柴头的硫磺搓碎了当火药,现在他尽量和我们一起度过空闲时间:参与我们的活动和谈话。我们也尽量和他一起玩儿,一起读书。

我还有一个发现。前几天他情绪不好,想说粗话,不肯收拾桌子,闲逛,找茬吵架。我没有生他的气,而是拥抱了他两次,他的情绪就缓和了一些。(5)

根据我们的全部观察,现在只能用唯一的一种方式与费加相处:尽量多给予他正面的关注,而不能用一点批评、指责或不满。

我想,谢天谢地,费加没有生重病,他只有 13 岁,现在的情况还不是"不可逆"的,他还可以学很多东西,哪怕"从零开始"。这些想法让我深受鼓舞。

我和维克多得出结论：费加只不过是没有做好去完成学业的准备，特别是在莫斯科，没准备好生活对他提出的要求。当然，可以催促他、批评他，但这样做没有好处，只能使他的问题更加棘手。

如果放下这些要求和期待，那么就会一下子变得轻松得多，你就会用更肯定的态度对待他，而主要的是——会发现他性格中闪光的方面，从而心中充满希望……

当然，用一天、一个月甚至几个月不可能填补所有这些空白。无论用什么机械的方法——隔离、把他送到什么地方或是交给谁、报名参加某个补习班或上什么课——都无法解决这些问题。最后我彻底认定：需要和费加一起生活，用自己的爱、自己的生命来抚育他。

这是我们可以做的，而且已经在这样做了。应该说，这样做尽管很累，但我只是因此感觉更好。但是他有你们，他既不能忘记你们，不能不想念你们，又没法不生你们的气，因为他不能和你们在一起。

今天他对我说："我同意走真傻，因为我觉得反正他们会强迫我走。不管怎么着，反正我想回去就回去。要是他们反对，我就给他们好看！"

看，他心里委屈，威胁是他可以用来哪怕稍微保护一下自己的唯一的方法。他没有别的办法。而在这些逞强好斗的背后，仍

然是一个不幸的、不顺心的孩子。

我们有点紧张地等着下半学期的开始。费加曾随口说他会去上学,虽然我们不敢抱太大希望。所有"技术性"的问题——早上起床,补习分数,写作业等等——"全都会冒出来"。前两天我跟校长谈过,把全部情况都跟她讲了。她让我把成绩册给她,一个不少地给上半学期每门功课的成绩打上了"缺考"。她同意给费加单独开课,但为此需要医生证明。我想办法去把证明弄来。最坏的结果是留级。但如果不能把所有问题都解决了,他就是留了级也学不好。

吻你们所有人。妈妈。

11月7日

安涅奇卡,你好!

我在那封长信里忘了叫你不要告诉费加你知道他在学校的事,所以赶紧再追加一封。现在他开始信任我了,他开始比较多地讲些一般会挨批的事。

我们和他的生活暂时没什么变化。假期结束后,各方面的负

担——他的心理,我们的关系,我们(大人)的感觉自然会加重,我有点担心地等待着后半学期的开始。

费加睡觉前会害怕,这让我担心。他一夜要醒好几次,看我在不在跟前。如果在睡前我跟他一起躺一会儿,对他能有些帮助,他会偎依着我安然入睡。(6)

你们跟我说过好多次他和莲娜打架的情况,我想也与此有关。今天我在一本心理学的书上读到,家里的孩子们之间打架常常是因为他们没有得到足够的身体上的爱抚(主要是来自成年人的爱抚)。互相摩擦和碰撞好像是这种爱抚的替代品,因为他们不知道其他方式。

很遗憾,目前费加还是读书远远少于闲逛,他仍旧是和朋友们"拼命地"游逛。

11月25日

安妮娅,季玛,你们好!

我们的情况是这样的:考试后费加没有去学校上学,那天他

突然不肯起床。于是只好这样了:强迫当然是不可以的。过了几天他说,他不上学是因为如果开始正常地学习,那么"谢尔基诺的事就完了"。

他的意思是,那样他就不能很快回谢尔基诺了。要是不上学,用他的话说:"我说走就走","我给妈妈发一封电报,让她接我回去,要不我就不学习……"

我总是想着费加的事,经常觉得好像在和你们谈他。昨天他跟季玛打电话的时候,我走进厨房,他光着腿(因为是早晨,他从床上跳下来接电话),我看见他的膝盖被泪水打湿了。他低着头,怕我看见他哭,但膝盖把他暴露了。

他离开你们感到很痛苦。安涅奇卡,你想想,如果我跟维克多结婚的时候(那时你已经14岁了,费加要小一岁,他的承受力也要小一些)把你送到别的城市生活,不知要住多久,哪怕是送到亲戚家,你会有什么感受呢?不错,就算没有把你送走,你还是有些不舒服,那时我们之间的关系有点冷淡、有点紧张。现在我想,也许因为你没有在这个年龄与妈妈亲切沟通的经验,所以无法在与费加的关系中加以复制,那么他现在就是在用自己的痛苦为我们还债。另外,我后来想了一下,我也是在13-14岁的时候和妈妈(还有爸爸)开始关系紧张,也没有体验过父母与孩子之间的"温情"。现在我走在街上的时候经常会"捕捉"父母和孩子之间亲热关系的表现——他们并肩走着,说着话,一起赶着去什么地方。早上我在电梯上看到和妈妈一起去学校的孩子。而我的费加却躺在床上,不知什么时候起床;就算起了床,他离正常的生活也还是很遥远的,而妈妈又根本不在身边。

现在说说办手续的事情。昨天终于开到了单独上课的证明,把它送到了学校。我和校长沟通得很好,她说会在各方面帮助我们。在得到这个许可之前没能让费加坐下来念书。虽然没有念书,还是有了一点进展,尽管很小,但对于他(对于我们)来说是很重要的进展!我说服了他先提前开始学习"哪怕一门课"。他从喜欢的课——生物——开始。他在两天内学好了十小节,给我做了复述。此前我们约定,开始的十小节学好以后,要去冰激凌店庆祝一下,我们就这么做了。回家的路上,他要我和他一起去古生物博物馆,当然应该带他去了。我尽力而为。

今天他答应早上学两小节地理。老师同意听他复述。不知我们的进展会不会顺利。我在等着星期一,那时候一切都要正式开始了。他已经一个月没有学习了。现在能够使他消除抵触情绪,能使他打开书本(即使在提醒好几次之后)的主要动力,是"在春天之前提前通过考试,回到你们那儿去"。你们自然知道,为此需要下很大的功夫,这是我现在最担心的。

我想起一条古老的谚语:"儿子5岁前待他像皇帝,12岁前待他像仆人,12岁以后待他像朋友。"于是我明白了费加所严重缺乏的东西:5岁前没有得到像"皇帝"那样的对待,那时他更像是个"仆人"。我觉得,他是用忠诚和真心,竭尽一个孩子的所有力量在服侍你。你记得吗,有一次在雨中,他蹚着齐膝深的泥水去接你?他因为没有当过"皇帝",所以现在有这种需求。孩子强大的天性会要求补偿没有得到的东西,就是手段有些生硬,令人气愤。

比如,昨天晚上10点半我下班回家,又累又饿。费加四仰八叉地坐在那里看电视,桌上乱七八糟,地上很脏,地理也没有学,虽然他答应过。看到这种情况,只有这样的想法能使我谅解他:"他小时候被亏欠了,得从零开始。确切地说,甚至要从负开始。"

我已经知道，教训和批评对他绝对会造成很大的伤害。我自言自语地说："得，没收拾房间，没看书，什么都没做。但是他就是没法做这些事！"

比如，在冰激凌店的时候我们非常友好地商定，他回家后（我去上班）去医生那里取单独上课的证明。但前两天他跟这个医生闹过别扭。我5点钟打电话问他"去了吗？""没有。""请你快穿上衣服去吧。""好吧。"晚上回到家，看见他皱着眉头。"怎么样，去拿证明了吗？""没有。""到底为什么？"他不说话。我不再谈这个话题（我心里又是一阵恼火，但同时想到"他受了亏欠"，"孩子心里不舒服"）。第二天我又问他："怎么还没去？"同时搂着他的肩膀。他回答说："我自己也不知道为什么。"（7）

我仍然把费加往好处想。我经常想起《安娜·卡列尼娜》中一个曾经使我震撼的地方：托尔斯泰描写道，当安娜离家跟沃伦斯基同居的时候，她的儿子谢廖沙留在父亲身边。父亲过来教训谢廖沙，因为老师们说他学习不好。而谢廖沙这时正在想妈妈，想象他在散步的时候看见妈妈，向她扑过去。关于他的学习，托尔斯泰写道，这个孩子的脑子一点也不懒，而且非常活跃。他在学习，但不是学什么圣贤书，而是跟保姆，跟马车夫，跟他周围的所有人和事学习。但是他像爱惜眼珠一样爱惜自己活跃的头脑，不让那些冒牌老师靠近。

对于费加我也有越来越强烈的类似感觉：思维活跃，对生活很留心（认真观察和倾听，感觉很细腻），也像爱护眼珠一样地守护着自己的内心世界。

吻你们，妈妈。

12月7日

安涅奇卡，季玛！

差不多过了两个星期了,我接着讲费加的情况。现在学习的情况是这样的。一个星期费加有 10 个小时的单独上课时间,这些时间用来学习主课,不过,上俄语课和英语课的时间还没有敲定。他心甘情愿地上了两次生物课。得了一个 4.5 分,一个 4 分。上了一次地理课(得了 4 分)和一次数学课。数学课的情况不太好,老师给他解了例题,然后就去上课了,留了习题册上 15 道题作为家庭作业。

我后来得知,他不会做这些题,他给老师留了条,说他做题有困难,因为"需要把什么都想起来",然后就走了。留的作业一个星期都不肯做。历史课他不肯去上,生物课上了,并且当时就说定,他一个星期不是去上一次,而是上两次生物。地理课没有去上,代数课(昨天)也没有去。在他一再地旷课的这段时间,也就是昨天以前,我都很少在家——有时是上班,有时是去医院照顾维克多。费加觉得很郁闷:"我又得一个人呆一整天了!"昨天我正好没事,因为代数课的时间是 13:30,我希望可以和他一起把功课弄明白。

可是直到 11 点半我也没能把他叫起来。对了,我忘了说:前天晚上我们终于收到了你们的来信,费加读着信哭了。所以早上他的情绪很不好,再加上还要去上什么代数课……

后来总算起来了,一副愁眉苦脸的样子。吃了饭就机械地打开电视,愁眉苦脸地看起来。我把电视关上,说马上要去上代数课了。他走到一边往沙发上一躺。我试着跟他搭话,可是问什么他都不搭理。于是我问道:"要是我有一根魔棒,你想要什么?""你反正做不到。""大概,"我说,"你想飞到谢尔基诺吧?""对。""那我们就想象一下。"(8)

这样他终于开始说话了。我和他"去了"飞机场,在某地降落,等去谢尔基诺的飞机——天气不适合飞行,就像你们第一次坐飞机去谢尔基诺时一样。我们在旅馆过了一夜,终于坐上了农用飞机"玉米种植者"。

他同时讲到很多细节——起飞时耳朵疼,农用飞机在邻近谢尔基诺的那个村子降落,然后颠簸着朝谢尔基诺"站"滑行。男孩子们在野外跑着,他们说:"你好!"我们也说"你好!"接着我们走到你们家去敲门。

"谁呀?""邮递员别奇金!"我们打开门,已经是傍晚了,妈妈在家。大家惊呼起来:"哎呀!"

费加的情绪有了起色,我们又进了厨房。已经快1点了,我又把话题转到例题上,打开习题册,说:"看,很容易。"他不肯做。我建议:"那我来做,你来看和检查。"

他的答复是:"我知道你的花招,你这是想让我学习。"已经1点多了。在学校单独上课——这是我们最后的希望——眼看就要泡汤了。我跟他说,什么办法都试过了,如果不去上这个课的话,你肯定得留级,因为离学期结束只有三个星期了。

接下来我们的情形是这样的:我绝望透顶,费加死不肯去,老师已经在学校等着了。我问,老师在等着,怎么办?他不说话,往桌子底下一钻,趴在地上玩儿。这时候我再也忍不住了:我把他从桌子下揪出来,抓住他的胸口,使劲摇晃他,喊道,我也是个活人,难道他没看到我多么不容易,多么着急受累,在竭尽全力地帮助他吗?

我看到费加的反应好像一只被猎狗追捕的小野兽,眼神中掠过的不知是惊恐还是好奇。而这次"发作"使我感到轻松了一些。我觉得费加在内心深处也感到某种特殊的满足,因为他看到我是真的难过,而不只是总想"管教"他。(10)

结果,我一个人去了学校,把整个过程跟老师讲了,请她给费加写个字条。她同意了。字条的内容主要是安慰:情况并不是那么可怕,我们会慢慢地把一切都理顺。费加不安地等着我从学校回来,我觉得他读了字条挺满意,就去玩儿了。

三个小时后他回来了,全身是雪,湿漉漉的。我在门外给他把雪掸掉,一块儿把靴子拉下来,靴子里也是结结实实地塞满了雪。我们笑了一阵,然后我让他坐下吃饭,然后喝咖啡,吃冰激凌。我摸着他的头说,饭后我们要做例题。他打开电视——我把电视关了。喝咖啡和吃冰激凌用了大概30分钟。

我们终于坐下来学习了。有的地方我帮助他,有的地方他把我推开——"我自己来"。

不抓狂，育出好孩子

　　我们总算做了三道题，每道题都从头做到尾，最后一道题他把正负号搞错了，可是他坚持认为他是对的，给他讲他不肯听，结果就到此为止了，不过总算是学了一个多小时。
　　随后发生了一件令我完全没想到的事情：费加把晚上剩余的时间用来整理他的乱七八糟的桌子，给书本包皮，又贴上画片

第二部分 关于一个"问题少年"的通信

儿,把桌子整理得好像是9月1日开学日一样!

傍晚的时候他还说,他的烟瘾也小了:过去总是想着吸烟,而近几天有时想不起来。

关于吸烟的事,在我们之间已经出现过几次问题了。第一次是这样的:我上班后要取什么东西,突然回来了,正好看到他在阳台上吸烟。另一次是他本打算一上午呆在家里,却出去了(一般他是要等他的朋友们放学才出去玩)。我觉得有事,就去了卖烟的售货亭,在那里看到他正把一盒烟揣进兜里,这是他让成年的小伙子替他买的。

这两次我都忍住没有责备他。我只表达了遗憾,说:"怎么,难道真的不能戒吗?"他回答说,吸烟会使他感到平静,很难戒,总"想吸"。我建议,当他"想"的时候,就吮棒棒糖。

有一天睡觉的时候(现在他睡在我的房间),我已经快睡着了,他忽然叫醒我问:"我怎么才能把烟戒了呢?"今天他咳嗽,我逐个排查可能导致他感冒的原因,而他说:"这是因为我抽烟少了。我爸爸说他的爸爸戒烟的时候咳嗽得很厉害,甚至吐黑痰。"

所以这方面似乎也有所改善。他很"粘"我们,维克多住院期间他就搬到我的房间来睡。过去他没有睡着的时候,我总是和他躺一会儿,然后回到自己的房间。现在他看透了我的把戏,所以索性搬到我的房间,整夜都睡在我的身边。我切身地感到,他非常需要这样。安妮娅,不知道你能不能和他一起睡,感觉到他躺在身边,感觉到呼吸和体温的沟通?这个问题很重要,对你来说甚至是很关键的。我相信,如果你想起他是小宝宝时的样子,你就很容易重新产生跟那时一样的感情。

不久前我在一本心理学书中读到:如果开始改变对不良少年的态度,用他们不习惯的方式,不是用他们预料的、而是比较好的态度对待他们,那么在开始阶段他们的不良行为甚至会加重。

他们似乎在试探家长，看他们是真的改变对孩子的态度，或者这不过是个诡计？必须要有足够的智慧和耐心，才能度过这个令人头疼的叛逆反抗阶段。

这个建议对我很有用。有时，已经习以为常的不满、愤怒或绝望冲上来，这时我马上想到：他是在考验我，而他自己是满心愁苦地盼望着爱——于是我就真的会心软。我想到，孩子要比我们有时想象的更聪明、更敏感，如果只是为了管教而软化态度，那是骗不了他们的。只有对发自真心的善意他们才会作出回应，他们帮助我们不失去这种善意，或是在各种"渣滓"下面把它找回来。

我觉得，在昨天代数课的风波之后，我对他有了一些更深的了解。

首先，他不肯做数学的重要原因是不相信自己的能力，甚至心怀绝望，惶恐不安。还有一个情况可以证明这一点：当我和他一起上数学课，帮他按照全班的节奏甚至提前找到正确答案的时候，他会拼命举手，想让老师问他，好说出正确答案。而在其他的情况下，他就会"缩在角落里"，而且是坐在最后一排。

我想，在数学和许多方面他的感受都是这样：形成了一个链条：不自信——排斥（憎恶）——抗拒。在憎恶和抗拒背后其实是对成功的热望。

我认为，我们大人的主要任务是帮助他取得成功。

其次，我忽然明白了，在意志力发展的某些部分，他不仅小于实际年龄，而且就是一个小宝宝！我评估他在这方面的年龄只有3-4岁！为什么？因为他就像这么大的孩子，一点都不管他"应该"、"需要"做什么，哪怕他已经答应了，哪怕会使另一个人难受，哪怕取得这个人的好感对他来说很重要。

既然这样，该拿他怎么办呢？要像对3-4岁的孩子一样，一切困难的事情都一起来做，担负起事情的一半，有时是一大半，给他鼓劲，表扬他，原谅他的失误，与此同时跟他聊这聊那，听他讲各种事，听他发表意见。要知道没有你的时候他什么都不会做，只会玩儿。事实正是这样：如果我一整天不在家，他就会睡觉，出去玩儿，看电视，在屋子里转悠。我和他所取得的进展采用的都是一起做的方式，而且要用友好的语气，有时中间要穿插着念书：念一页，做一道题；再念一页，再做一道题。不过他迷上了这样的互动，缺了它就觉得不自在，同时他在某些方面也有了一点自信，会给我一些意外的惊喜，就像昨天整理书桌的行动。

在寻找要一起做的事情时，我有时会把标准定得太低：例如戴哪双手套，穿什么袜子、衬衣，吃什么，出去玩儿的时候是不是带钥匙……在这种情况下费加就会提意见："行了，我自己知道。"管他呢，在找这个界限的时候，宁可过头，也比达不到强……

我希望他那聪明的脑袋瓜可以很快帮助他开始独立做很多事情。但是和他沟通一定要始终用正面的语气，这对他就像空气一样不可或缺，他对此的要求要远远超过许多同龄的孩子……

在这种"豁然开朗"的情况下，我想起了你在来信中所描述的那些彼此疏远的情况："费加完全疏远我们，好几个钟头独自玩汽车。"我为他那段孤立自己的时光感到可惜，因为在那些钟头里他完全没有成长，没有走向成熟，没有得到发育。

12月14日

安涅奇卡，季玛，你们好！

我的信快要变成专题报告了，但我是有意识地想多跟你们讲讲费加，讲讲我们之间的种种波折和变故。

先让你们高兴一下：我们进步很大。前天他的代数得了5分。

在此前一天晚上老师来到家里，很耐心、很和蔼地给他讲课。然后他们又聊了半天，老师坦承说她自己也经常不想做难题，又讲她是如何克服这种想法的。后来我们两人连哄带骗帮他做完了（不管怎么说，总算做完了！）所有的家庭作业。结果他在课上得了个5分。昨天去上几何课，晚上我们一起证明定理，这是下个星期六前要完成的作业。这是前所未有的进步，因为过去费加是绝对拒绝预习功课的！

傍晚时分，我们去做客。我本想一个人去，但他想和我一起去——最近他总想和我在一起。修房子以后，我得把浴室里打掉的瓷砖运出去，快到半夜的时候我才找到时间做这件事。

我想让费加先睡,但他坚决拒绝了——他帮我一起做,这使得干活的时间缩短了一半(他提着满满的垃圾桶跑了五趟)。回来后,尽管已经 12 点多了,我还是给他读了两页儒勒·凡尔纳的书,不能再多读了。但睡觉前读书成了我们的一个仪式,我觉得甚至是一个象征,代表"我跟外婆一切顺利"。

我们一起去做客,路上的时间很长(要坐 40 分钟地铁),他带着生物书,一路都在读,还在本子上做笔记。这也是前所未有的进步——以前要是坐地铁的话,就是很有趣的书他都不肯带(总说"我还是打个盹儿吧")。

现在我要接着说在费加身上的第三个"发现",在以前的信中我没有提过这一点。

在此也是一些心理学知识给我提供了帮助。心理学家不久前发现,很多人只有一种接受信息的主要感官,其他感官则起次要的作用。"感官"就是我们的视觉,听觉,身体感觉,也就是触觉和运动感觉。例如,如果一个人以视觉为主,那么他就会主要依靠视觉来了解世界,他通过视觉来感知、理解、记忆、想象,甚至思考。如果一个人以听觉为主,那么他就会主要靠听觉来学习,更多地生活在声音和词语的世界中。次要的感官可能发展很差,以至于一个人(特别是在童年的时候)无法通过它很好地学习和获取新知。

如果他心情不好,他与周围的人或自己不和谐,这种情况就会加倍严重,他会特别深地沉浸在自己主要的感觉中,而其他感官是关闭的。比如,如果一个人是"身体感知型"的,那么他就会听不见或不大听得见"纯粹的"词语。他当然能听到发声,但却不大能够理解。

我确信,费加绝对是"身体感知型"的。不久前,当我跟他想象坐飞机去你们家的时候,使我大为惊讶的是,他的描述中有那么多的身体感觉:"我们飞啊飞——想吐","我要睡着了","耳朵疼","我们在降落——剧烈摇晃",在旅馆里"我冷","想吃东西","乘坐玉米种植者"起飞——"嗡嗡嗡",我们坐下——"扑哧,扑哧,在土墩儿上一颠一颠地滑行"等等。

发现这一点之后,我完全明白了他在学校遇到的困难:他为什么不喜欢英语课和俄语课,在任何需要大段讲解的课上打哈欠,以及特别听不进去说教。凡是需要接触,需要动手、搬动或运动的事情,至少是能看见——但同时还是要用动作、要动手演示——的事情,他都很在行。所以显然无法用谈话的方式使他摆脱不佳或不务正业的状态。

这一切都是由于他在情感上极不稳定。有时他醒来的时候头疼,于是一整天就"泡汤"了。但是即使头不疼,也很容易因为我们之间发生的一点微不足道的摩擦而"泡汤"。而这一类摩擦的原因不时出现。我只好学着用一种全新的方式与他沟通。如果拥抱他——就是日常的那种拥抱——这会使他产生很深的印象:他会变得比较平和温顺,走出情绪的"低谷"。现在,每当我感到肯定要发生摩擦的时候，就会靠密切的身体接触让自己和他走出困境。

通常，如果建议他做什么事——起床、吃完饭洗盘子、开始做作业——他就会紧张。对于写作业的建议他十有八九回答说"不"或"不愿意"。他也不肯去学校上个别辅导课。

我还是对自己说：应该知足，于是降低自己的期待。我还是尽量去爱抚他，拥抱他，和他一起做一些事——做那些他喜欢的事，例如念书。不错，我已经预料到你可能会说："怎么，就这么由着他吗？"目前我只有一个答复："对，由着他！"

我急着把信寄出。再见。妈妈。

12 月 28 日

安涅奇卡，季玛，你们好！

预祝你们新年快乐。在这一年里我们大家都很辛苦，我祝愿你们家庭和睦，心情愉快！

像以前一样，我想说说你们家缺席的成员——费加。这段时间他一直在努力——以自己的方式与内心的痼疾抗争。有时我觉得这种痼疾真的会让他痛苦得直抽搐！

例如，他情绪好的时候决定做作业，把厨房的桌子清理出来，把课本、练习册拿过来，然后看记录本，好知道留了什么作业。终于到了应该打开课本，开始做题的时候了。这时他有点不对劲了：表情痛苦，身体扭曲，发出沉重的呻吟。他又把身体挺直，尝试打开书本，但书皮好像有千斤重，于是又开始呻吟……有一次看到这样的情形，我深受震动，并清楚地知道了，他抗拒学习根本不是因为懒惰，不是故意捣乱，不是想要耍赖放刁，这根本就是身不由己！

可以说，这种没有引起足够注意的力量给他带来了痛苦和伤害。在差不多每门功课上他都深受其害。造成这种情况的原因是：从小学习不好，为此发生争执，最主要的是：他是完全属于另外一种感知类型的人，我在信中已经跟你们说过这一点。这种类型的人只能接受可以"接触"的东西，善于想象，好动感情，而对所有抽象的东西：言语、公式、定义、语法结构、有些很明显、很容易证明的几何定理等等，却差不多一窍不通。在那些可以避开抽象的形式，把抽象的东西转化为形象的、具体的语言的事情上，他很有能力、很有天赋。

例如，他把 $-(-2)=+2$ 的表述改成"我的敌人的敌人是我的朋友"。他过去漏掉了约分——把一个分数的分子和分母除以公因数的课程。这一部分他学不好，怎么也搞不清楚什么是公因数。后来情况有了进展，我们做题甚至做得很开心，因为我们要在 6 和 10 中找到 2，所以我们把 6 和 10 分别写成 2×3／2×5，然后把 2 一下子划去。他特别喜欢最后一步——猛地划去，现在我们可以同样应付 15/21 和 27/15 了。

顺便说一下，这正好是在当他打开书本痛苦得"抽搐"、第一次尝试做代数作业以失败告终那一天。他在同一份作业中遇到了更加复杂的问题：$6^2/3^4$，他听不懂，确切地说，是不肯听我讲解，把书本一把抓走，愤怒地说："我不做！"就去玩汽车了。虽然我很想指责和教训，还是尽力忍住，没有管他。几个小时之后，已经傍晚的时候，等到他的情绪好转，我才用温柔友善的语气建议他回来学代数，"就学一点，只是看看"，"你会看到一点都不可怕"，"我们来试一试，然后（做些喜欢的事）"。他竟然同意了，把书本拿出来，我们开始从很早以前（五年级）的功课学起，开心地玩"猛地划掉"的游戏等等。多次使用类似的方法，费加的代数在期中考试得了 5 分。当然，老师非常尽心，她也是功不可没的。

对于每一门课都要采取类似的方式才能突破。例如，上俄语课就发生了这样一件事。

第二部分 关于一个"问题少年"的通信

他有三四次没有在指定的时间去补课，不是"忘了"，就是"没找着"，或者压根不提这件事。最后我去了学校，跟老师商定了确切的时间和地点。

时间不是很早，费加已经起床，吃过早饭，可以温习一会儿功课了（但他没有这么做）。到了该去学校的时候，没想到他却不肯去。我跟他嚷嚷，问他为什么，都没有用。我去找老师——就像数学课的情况一样——又请求她"哪怕只是第一次课"来家里上。她开始怎么也不同意，最后总算勉强答应"我20分钟以后来"。我回家告诉费加，他恼火地说："谁让你请的？我反正要出去玩！"这时候又有一个孩子来找他，情况糟透了。我知道，不能吵，也不能来硬的。我请他留下，跟他好好说，这样他一时没能走开，老师已经

到了。当老师脱外衣进屋的功夫,费加从她身边溜进了厕所,把门锁上了。我跟老师坐了5-10分钟,对着老师惊讶得扬起的眉毛尽量做解释。然后我走到厕所门口,小声跟费加解释,请他出来,"哪怕只是商量一下时间","不用上课"。他总算出来了。老师温和地从遥远的《塔拉斯·布尔巴》,《白净草原》(原来他还没读过这些作品)谈起,跟他谈马,饮马,夜间放马……然后慢慢转到作品中使用的土语上来。谢天谢地,他入门了!他们商定,费加和全班一起,按照班里的进度上俄语课。他显然很高兴,看来,一上午一个人呆在家什么也不做已经让他厌烦了,因为即使做功课的话,也是要等到很晚的时候,而且只能是我们一起做。目前他自己还完全不能克服"阻力"。

接下来的一个星期他去班里上课还凑合,但个别补课却经常缺席。不过毕竟还是去过,甚至还在五次提醒后做了一个大练习。比起蹲厕所,这是一个巨大的胜利,我由衷地感到高兴,并不掩饰喜悦的心情。我还是坚持,每次在他出问题的时候,每当他说"我不干","我不想","没做","没读",我一点都不批评,而每一个小小的成功都会大张旗鼓地庆祝。比如,有一次老师在课上说,她在心里给他打5分,说不定很快就会在成绩册上给他打5分了。他高兴地把这件事告诉我,不过在此之后仍然尽量逃避补课。最后,在期中考试后,我们不得不一起去学校"搞清楚俄语课的状况"。结果商定,放假期间老师分几部分听他复述学过的内容,检查他的练习。

费加的强烈愿望是每门功课"得3个5分"(最差也是5分和4分),这样就可以回到你们家去了,这个愿望使他相当平和地接受俄语课持续不断的折磨,但这当然不意味着没有反复。但我还是说,跟锁在厕所里不出来相比,进步之大至少好比从石器时代跨越到蒸汽机时代。

我同时清楚地看到了另一个帮助他的办法:逐渐升压法。有时,他的捣蛋和反抗很厉害,我知道他也在等着我作出很激烈的反应(不是说他想要,而是已经习惯成自然,并且做好了反击的准备)。我承认,有几次我心里的反应确实很激烈,一下子火冒三丈。但我已经有了经验,我把愤怒和不满转为痛苦,而且我也不加掩饰。过后我再尽力用友好的语气重新开始沟通,经常是谈些完全无关的事。只有在过了一段时间,有时要过几个小时,才有可能回到引起争端的话题,并多少有所收获。这大概就是所谓耐心(或是容忍?)。

安妮娅和季玛!我很想把这些方法和感受告诉你们,它们对于我自己也是全新的。我经常对自己说:"这不是真正的他!"这对我很有帮助。

那么真正的"他"是什么样的呢?当我们一起坐在沙发上看什么东西的时候,他经常把头靠在我的肩上。晚上睡觉的时候让我用被子在他的头和肩膀周围做个"小房子",这样就可以睡得安稳些。他每天不安地问我们走的时间长不长,如果时间长,他就会喊:"多可怕!"前两天他让我去跟物理老师说,请她对他"和气点"。

不抓狂，育出好孩子

有一次他出去玩了好几个小时才回来，在此之前让他去商店买东西他不肯。那天我工作很累，又去买东西，还要做饭，所以很累。费加回来以后倒在沙发上说："哎呀，腿都迈不开了。"我说："我是不会心疼你的。你是玩儿得迈不开腿了，我是干活儿干得迈不开腿了，所以我不大想对你表示同情。"他一下子收敛起来，不说话了。吃过饭我要去一个朋友家取灯罩，他主动提出一块儿去，好帮我拿着。路很滑，要是把灯罩摔碎就糟了。一路上他令人感动地搀扶着我，嘱咐我要小心，同时跟我开玩笑，讲故事逗我开心。晚些时候维克多回来了，我忙着给他开饭，他也很累，很乐意被人伺候着。费加看了一阵，忽然说："维加（维克多的昵称，编者注）大叔，您怎么这样！您的老婆总是为您操心受累，而您呢——怎么一点儿都不懂事呢？"维克多当时就呛着了。后来我们又笑了很长时间……总之，费加是个令人感动的"骑士"，和他做朋友很快乐，是一种荣幸，一种满足。

我们越是感觉到他是这样的孩子，就越是尊敬他，而他也就越感到幸福。他也不常头疼了，抽烟减少到每天半支。不过还是会感到害怕。

第二部分　关于一个"问题少年"的通信

现在我想和你们说说另一件事：费加现在到了一个关键期。现在我常和一些过去在 6 年级、现在在 9 年级读书的孩子见面。他们已经长大，各自的趣味、价值观和文化水准已经定型，有的准备做厨师，有的准备做汽车维修工，有的准备升 10 年级。看来那些没读过多少书的孩子已经不会对求知有太大的兴趣，在这个年龄一切已经定型了！

对于费加，还要从"负"抓起。我几乎可以肯定，他已经不能从书本中接受很多知识了。不能把他所达不到的目标强加给他——那样会降低他的自信心。

他有才能，心眼好，现在他急需的不仅是支持，还有体贴入微的帮助。再过一两年就晚了，而正像我们所看到的，他又离不开你们，不能在别的地方生活。

他回到你们身边当然感到很幸福。他希望下半个学期已经可以在家里上了。我把他，连同我们和他一起经历的痛苦和快乐，都交给你们。

如果我得知你们能让他亲近你们，能和他聊天，沟通想法和感情，我会感到非常高兴。还有……多拥抱他，给他做"小房子"。他会理解你们的一切关爱，成为你们忠实的朋友和挚爱的孩子。那时你，安妮娅，也会感觉好得多。我觉得此外没有别的办法。

吻你们大家。妈妈。

1月9日

安涅奇卡，季玛！

现在我送费加回你们家。我们正坐电气火车去飞机场。我们昨天收到了你们的来信，我们很同情你们（费加说"也很羡慕你们"）。的确，你们有那么多那么重的活儿要干，做其他事的时间那么少：没有时间和孩子们在一起，给他们读书，一起玩儿，一起聊天……

费加既因为要回家感到高兴，又因为要离开我们感到有点失落。他觉得我们最好带着全部家当一起搬到你们家。

今天我跟他谈了很长时间，想了很多办法，尽量少和你们闹别扭、发生争执。

我们认为，争执当然可能会发生。于是我们开始想办法解决。我们尽量记住，最主要的是不要生闷气，长时间地呆在自己

的角落里，而尽量在刚开始冒火的时候有人先开口说话。因为在吵架的时候谁都觉得自己受的伤害更深。可以告诉对方自己究竟哪里受了伤害。比如这么说："我听到这样的批评，心里很难受。"或者妈妈说："想到可能因为这个代数要留级，我简直绝望极了！"然后呢，就像英国人说的，"一起开动脑筋"，想一想，商量商量怎么解决。

我跟费加认为最好把家长的行为规则记下来。现在我们就一起在电气火车上把它们写出来（大部分是费加提出来的）：

1. 不强迫做任何事。如果想让做什么事，要好好说。还有，要让孩子可以在他愿意的时候把事情做完：因为他有时会在大人觉得还不该疲劳的时候就累了。要是孩子可以自己决定什么时候开始做就更好了。

2. 尽量做到完全不对孩子提高嗓门，因为这会使孩子更固执："今天我就故意不给他们做！"

3. 杜绝大道理，因为讲大道理让人想把耳朵捂住。

4. 更多地信任孩子独立作出的决定。

5. 希望晚上给他读书。如果在此之前双方闹意见了，那么在读书之前要和解。这样可以睡得踏实，早上起来时也不会情绪阴沉。还有，叫起床最好用开玩笑或快乐的方式，如果一起床情绪就被破坏了，一天就都毁了，就很难做事情、学习，就会想抽烟。如果一天过得很有意思，和和气气，就想不起来抽烟。晚上睡觉时，如果妈妈或是别人用被子给做一个"小房子"，就会倍感安全。

我自己还要加上一条，费加是一个很好、很聪明、很善良的孩子，在我们这儿大家都爱他，老师也不例外。

吻你们大家。妈妈。

作者的话

对于这些信,我很难再补充什么。我只是要说说自己的感觉:当我读这些信的时候,每次都会感到惊讶:原来我们和孩子,甚至很"野"的孩子的关系,可以发生这么大的改变。乍看起来,这种改变的步骤很简单:倾听和听懂,接纳,忍耐,爱,有时还有痛苦,并且不掩饰痛苦。但要使这一切成为可能,必须改掉习惯的看法,认为教育孩子就是和他的不听话斗争。如果说我们真的要和什么斗争的话,那就是要和孩子的困难与问题斗争(这时我们和他是盟友),但主要是要和我们自己的"自然"反应,和我们的期待、习惯斗争,归根结底是要和长期以来形成的要求孩子无条件服从的文化斗争。大概,摒弃自己内心的这种"文化"遗产,才是最艰苦的工作。

对信的注释

(1)在此我们看到外婆试图为费加创造"最近发展区域",和他一起做他有困难或几乎无法单独做的事情。随后的情况显示,开始时这种办法没有奏效,因为费加生活的不如意是源于深刻的情感问题。如果不在这方面帮助他,那么任何"一起做"的尝试都不会奏效。

(2)在 A. E. 里奇科的《少年性格中的变态和亢进》一书中可以找到与费加的状况和行为几乎一模一样的描述。作者谈到孩子对于他们感到困难的事件或生活条件的那些典型反应。其中之一是拒绝沟通、游戏或食物。这种情况经常发生在被突然同母亲、家庭、习惯的生活环境分开的孩子身上。

第二种反应是对抗。让我们来看一看:

作者的话

如果对孩子的要求过高，使他承受无法胜任的重负——如要求他学习优秀，在某方面出类拔萃，就可能会引起对抗的反应。但引起这种反应的最常见的原因是母亲或亲人对孩子的关心忽然大幅度降低。在童年时代这可能是因为生了弟弟妹妹，继父或继母的出现在少年身上也会引起同样的反应。孩子会使用各种办法争取重新获得过去的关注（例如假装生病），或是处处刁难"对手"。

少年的类似破坏性行为，不管看起来是多么的"不正常"或"病态"，经常不是别的，恰恰是他们敏感的心理对于不正常的、病态的、或者更准确地说是对造成他们精神痛苦的状况的正常反应。

需要补充的是，这种想重新得到关注的努力是不完全自觉的甚至完全不自觉的。当孩子破坏规矩和要求，不服从家长，不听话，不学习的时候，他的表现是在发出这样的信号："我难受，请帮帮我。"孩子感觉难受，"痛苦"的症候就是家长的负面感觉：烦躁、愤怒、委屈、灰心和绝望。孩子和父母好像绑在一根绳上，一方难过，另一方也不好受。

（3）恐惧是孩子内心极度紧张的典型特征或标志，表明他无法承受生活中或情感方面的困难。费加很久不讲自己过去的生活，说明正是在这个区域他有着强烈的紧张感。开始谈论这个话题，标志着他的心理状态开始好转。

（4）据写信者回忆，首先发现并指出费加身上积极的东西这种方法是最关键的一步。

（5）您看到，随着情感和自我感觉的改善，孩子开始表现自然的求知欲和进步的愿望。情感方面的问题，"坏情绪"把这种要求埋没了，因此在这种情况下成年人给孩子情感方面的帮助是极其重要的。费加非常需要直接的爱抚、温存，因为这表示"不管怎么样"外婆都爱他。

(6) 入睡前的恐惧说明孩子在下意识地寻求和母亲的接触，好像对自己说："要是我害怕，妈妈就会过来跟我在一起。"

(7) 取证明的事情明显说明孩子在排斥一切与不愉快的情绪相关的东西。大人常把这样的排斥当做没毅力、懒惰或不听话。但这是不对的。这一类的"遗忘"或反抗是一种自然的心理防护，孩子在尽力地自卫，以获得哪怕最低限度的情感上的安适。用施加压力、教训批评等强制手段无法克服这种反应，因为这是一种无意识的机制，它比理性的思考甚至孩子自己自觉的打算更有力。在这种情况下强求和批评只能造成他的负罪感和自卑感。

(8) 和"理智地讲道理"相比，跟孩子一起幻想他很希望却不可能实现的事情经常对他更有帮助。

(9) 我想起一个类似的情况，这是 A. C. 马卡连柯著名的三记耳光。有一次，在极端愤怒和没办法的情况下，他打了一个快要成年的学生三记耳光。

A. C. 马卡连柯把这一耳光当做自己崇高的教育理念的败笔并因此倍感沮丧，但它却对他与学生之间的关系发生了出乎意料的积极影响：他们一下子拉近了彼此的距离。

后来很多教育著作都讨论过"马卡连柯的耳光"，争论最多的是，这是不是一种合理的教育方法？有一种意见说，这个问题本身提得就不对，我也同意这种意见。成年人情绪的爆发通常是"发生"，而不是作为"方法"使用。如果他完全是真情流露，而没有丝毫地指望达到"教育的效果"，那么其效果可能是正面的。因为成年人此时此刻在孩子面前褪去了教育者的面具，也就成了一个和蔼可亲的普通人。

我们回到书中的情景，用讲座中的语言，可以说外婆向费加发出了很强烈的"第一人称表述"。

简短的后记

亲爱的读者，我要祝贺您，您为了自己的孩子，也是为了自己，已经鼓足勇气准备付出认真的努力。

我希望您可以在本书中找到您需要的知识、帮助和支持。

我还要感谢很多著名的学者和完全不著名的家长以及他们的孩子（我们也不会忘记"书信"的作者及其出色的盟友——男孩费加），感谢他们通过努力的探索，利用聪明和才智不断地作出新发现，帮助我们找到通往家庭生活和谐美满的可靠途径。